박재삼문학상
수상시선집

2013년 제2회 박재삼문학상 수상시선집

2013년 6월 1일 1판 1쇄 찍음
2013년 6월 8일 1판 1쇄 펴냄

지은이	이상국 외
펴낸이	손택수
편집	이호석, 하선정, 임아진
디자인	풍영욱
관리 · 영업	김태일, 이용희

펴낸곳	(주)실천문학
등록	10-1221호.(1995.10.26.)
주소	우121-839, 서울시 마포구 서교동 478-3 동궁빌딩 501호
전화	322-2161~5
팩스	322-2166
홈페이지	www.silcheon.com

ⓒ이상국 외, 2013

ISBN 978-89-392-0697-7 03810

이 책 내용의 전부 또는 일부를 재사용하려면
반드시 지은이와 실천문학사 양측의 동의를 받아야 합니다.

이 도서의 국립중앙도서관 출판시도서목록(CIP)은 서지정보유통지원시스템 홈페이지
(http://seoji.nl.go.kr)와 국가자료공동목록시스템(http://www.nl.go.kr/kolisnet)에서
이용하실 수 있습니다.(CIP제어번호: CIP2013006762)

박재삼문학상
수상시선집

실천문학사

| 차 례 |

2013년 제2회 박재삼문학상 수상작

이상국 『뿔을 적시며』

1부

수상 시집 대표작 「옥상의 가을」 외 9편　　　9

2부

자선 대표작 「동해별곡(東海別曲) 2」 외 39편　　　27

3부

심사평	87
수상 소감	93
미니 자서전	95
작가 에세이	105
작품론 1	113
작품론 2	133

부록　연보 및 화보　　　　　　　　　165

1부

박재삼문학상 수상자

이상국

뿔을 적시며

1946년 강원도 양양에서 태어나, 1976년 『심상』 신인상으로 등단했다. 시집으로 『동해별곡』, 『내일로 가는 소』, 『우리는 읍으로 간다』, 『집은 아직 따뜻하다』, 『어느 농사꾼의 별에서』, 『뿔을 적시며』가 있다. 백석문학상, 민족예술상, 유심작품상, 불교문예작품상, 정지용문학상 등을 수상했다.

옥상의 가을

옥상에 올라가 메밀 베갯속을 널었다
나의 잠들이 좋아라 하고
햇빛 속으로 달아난다
우리나라 붉은 메밀대궁에는
흙의 피가 들어 있다
피는 따뜻하다
여기서는 가을이 더 잘 보이고
나는 늘 높은 데가 좋다
세상의 모든 옥상은
아이들처럼 거미처럼 몰래
혼자서 놀기 좋은 곳이다
이런 걸 누가 알기나 하는지
어머니 같았으면 벌써
달밤에 깨를 터는 가을이다

용대리에서 보낸 가을

면에서 심은 코스모스 길로
꽁지머리 젊은 여자들이 달리기를 한다
그들이 지나가면 그리운 냄새가 난다
마가목 붉은 열매들이 따라가보지만
올해도 세월은 그들을 넘어간다
나는 늘 다른 사람이 되고자 했으나
여름이 또 가고 나니까
민박집 간판처럼 허술하게
떠내려가다 걸린 나뭇등걸처럼
우두커니 그냥 있었다
이 촌구석에서
이 좋은 가을에
나는 정말 이렇게 살 사람이 아니라고
그렇게 여러 번 일러줬는데도
나무들은 물 버리느라 바쁘고
동네 개들도 본 체 만 체다
지들이 잘났으면 얼마나 잘났는데
나도 더는 상대하고 싶지 않아

소주 같은 햇빛을 사발때기로 마시며
코스모스 길을 어슬렁거린다

다리를 위한 변명

먼 길을 다니다 보면 자동차의 발이 천형 같다
말은 안 하지만 그들도 몸을 버리고 싶을 때가 있을 것이다

쓰레기봉지를 찢고 나온 닭발이나
바지 밖에서 잠든 노숙자의 다리들

저 가느다란 것들에게 세상이 얹혀 다니다니

외다리집게는 몸이 다리이고
시장 바닥을 배밀이 수레로 밀고 가는 사람은 찬송가가 다리이다
한 번도 집 밖에 나간 적이 없는데 몸을 잃은 나무를 보거나
아프리카처럼 짐승들은 사납고 먹을 것도 별로 없는 곳에서
지뢰 때문에 다리가 날아가버린 우간다 아이들이
웃고 있는 사진을 보면

내 무릎 밑이 다 서늘해진다

모든 다리는 먹이를 위하여
종일 걷거나 뛰다가 집으로 돌아가는데

언젠가 바닷가 모래톱에서 물떼새 한 마리가
외다리로 종종걸음 치는 걸
긴 해안선이 한사코 따라가주는 걸 보았다

마치 지구가 새 한 마리를 업고 가는 것 같았다

형수

서둘러 저녁이 오는데

헐렁한 몸뻬를 가슴까지 추켜 입고

늙은 형수가 해주는 밥에는

어머니가 해주던 밥처럼 산천이 들어 있다

저이는 한때 나를 되련님이라고 불렀는데

오늘은 쥐눈이콩 한 됫박을 비닐봉지에 넣어주며

아덜은 아직 어린데 동세가 고생이 많겠다고 한다

나는 예, 라고 대답했다

산그늘

장에서 돌아온 어머니가 나에게 젖을 물리고 산그늘을 바라본다

가도 가도 그곳인데 나는 냇물처럼 멀리 왔다

해 지고 어두우면 큰 소리로 부르던 나의 노래들

나는 늘 다른 세상으로 가고자 했으나

닿을 수 없는 내 안의 어느 곳에서 기러기처럼 살았다

살다가 외로우면 산그늘을 바라보았다

그도 저녁이면

북천(北川)에는 내 아는 백로가 살고 있다

그의 직장은 물막이 보(洑),

물 웅웅거리는 어도(魚道) 옆

부부가 함께 출근하는 날도 있지만

보통은 혼자 일한다

다른 한쪽은 새끼를 돌보거나 집안일을 할 것이다

그는 고기를 잡는 것보다

하염없이 물속을 들여다보는 게 일인데

종일 무슨 생각을 하는지

그도 저녁이면 술 생각이 나는지

흰 웃음소리

내가 한 철
인제 북천
조용한 마을에 살며
한 사미승을 알고 지냈는데
어느 해 누군가 슬피 울어도 환한 유월
그 사미는 뽕나무에 올라가 오디를 따고
동네 처자는 치마폭에다 그걸 받는 걸 보았다
그들이 주고받는 말은 바람이 다 집어먹고
흰 웃음소리만 하늘에서 떨어지는 걸
북천 물소리가 싣고 가다가
돌멩이처럼 뒤돌아보고는 했다
아무 하늘에서나 햇구름이 피던 그날은
살다가 헤어지기도 좋은 날이었는데
지금도 그 생각을 하면
온몸이 환해진다

틈

바위에 뿌리를 내리고 사는 나무는
한겨울에 뿌리를 얼려
조금씩 아주 조금씩
바위에 틈을 낸다고 한다
바위도
살을 파고드는 아픔을 견디며
몸을 내주었던 것이다
치열한 삶이다
아름다운 생이다
나는 지난겨울 한 무리의 철거민들이
용산에 언 뿌리를 내리려다가
불에 타 죽는 걸 보았다
바위도 나무에게 틈을 내주는데
사람은 사람에게 틈을 주지 않는다
틈

혜화역 4번 출구

딸애는 침대에서 자고
나는 바닥에서 잔다
그 애는 몸을 바꾸자고 하지만
내가 널 어떻게 낳았는데……
그냥 고향 여름 밤나무 그늘이라고 생각한다

나는 바닥이 편하다
그럴 때 나는 아직 대지의 소작이다
내 조상은 수백 년이나 소를 길렀는데
그 애는 재벌이 운영하는 대학에서
한국의 대(對)유럽 경제정책을 공부하거나
일하는 것보다는 부리는 걸 배운다
그 애는 집으로 돌아오지 않을 것 같다

내가 우는 저를 업고
별하늘 아래서 불러준 노래나
내가 심은 아름드리 은행나무를 알겠는가
그래도 어떤 날은 서울에 눈이 온다고 문자메시지가 온다

그러면 그거 다 애비가 만들어 보낸 거니 그리 알라고 한다
모든 아버지는 촌스럽다

나는 그전에 서울 가면 인사동 여관에서 잤다
그러나 지금은 딸애의 원룸에 가 잔다
물론 거저는 아니다 자발적으로
아침에 숙박비 얼마를 낸다
나의 마지막 농사다
그리고 헤어지는 혜화역 4번 출구 앞에서
그 애는 나를 안아준다 아빠 잘 가

소나무 숲에는

소나무 숲에는 뭔가 있다
숨어서 밤 되기를 기다리는 누군가 있다
그렇지 않고서야 저렇게 은근할 수가 있는가
짐승처럼 가슴을 쓸어내리며
모두 돌아오라고, 돌아와 같이 살자고 외치는
소나무 숲에는 누군가 있다
어디서나 보이라고, 먼 데서도 들으라고
소나무 숲은 햇불처럼 타오르고
함성처럼 흔들린다
이 땅에서 나 죄 없이 죽은 사람들과
다치고 서러운 혼들 모두 들어오라고
몸을 열어놓는 것이다
그렇지 않고서야 바람 부는 날
저렇게 안 우는 것처럼 울겠는가
사람들은 살다 모두 소나무 숲으로 갔으므로
새로 오는 아이들과 먼 조상들까지
거기서 다 만나는 것 같다
그래서 우리나라 밥 짓는 연기들은

거기 모였다가 서운하게 흩어진다
소나무 숲에는 누군가 있다
저물어 불 켜는 마을을 내려다보며
아직 오지 않은 것들을 기다리는 누군가 있다
그렇지 않고서야 날마다
저렇게 먼 데만 바라보겠는가

2부

자선 대표작

동해별곡東海別曲 2

나라를 잘못 만난 부왕(父王)이 망명한 다음부터
동해는 매일 울었습니다
온 나라 부두마다 부왕을 찾아 헤맨다는
처용(處容)의 소문이 들릴 때마다
마음이 여린 동해가 울면
크고 작은 식솔들이 죄다 함께 울었습니다
지난밤에도 고의춤에 피리를 찔러 넣은 봉두난발(蓬頭亂髮)의 그가
야심한 신(臣)의 집 근처에서 부왕을 부른 소리가 들렸습니다
신은 어둠 속에 엎드려 감히 따라 울진 못했습니다만
처용이 새벽 두 시부터 울면
신의 동해는 한 시부터 우는 걸 들었습니다

강선리 降仙里

강선리 대숲엔
햇살이 대를 이어 살고 있다

해마다 마지막 봄이 와서
어지럽히던 뜨락,
쓸어낼 수 없는 꽃그늘 아래
눈썹이 푸르던 유년과
누님의 과년

타관에서 내리던 비가
강선리에 와 그친다
삐걱이는 물레 하나로
온 들녘의 바람을 잠재우고
이제는 천수답에 별빛 기르시는 아버지

멀리 돌아도
길은 늘 여기 와 저물고
수년래 그대 잠이

강선리 대숲에서 하얗게 깨고 있다

남문리 우시장牛市場

그대가 다친 바람을 데리고
남문리를 헤매던 날
우시장 근처에 내리는 비는
깨어진 종소리처럼 내려서
수천 마리 소 울음을 들끓게 하고
남대천 돌다리에 닿고 있다

잠든 사람은 잠들어도
몸이 아픈 이웃들은 흉년의 옷을 빨아 널고
우시장 쪽으로 열어놓은 그들 불면의 귀가 젖고 있다
자고 나면 새 집이 늘고
누가 새로운 죽음이 되어 산으로 가는가
바람맞이 언덕 나무를 모두 찍어내도
남대천 물빛은 흔들리고
비로소 떨어지는 이파리 하나씩의 무거움

그대가 저물도록 남문리 모든 길을 돌아
우시장 근처에 이르면

비는 폭력처럼 내려서
들끓는 소 울음을 쓸어낸 후
어디에 그대를 비 맞게 하겠느냐

장欌을 바라보며

동학 말 보천교꾼 할아버지는
솔밭으로 대숲으로 바람 되어 다니시고
할머니는 별빛만 달빛만 바라보셨습니다

큰아버지 구름에 섞여 먼 북간도에 가시고
징용 나간 숙부 재가 되어 솔밭으로 오셔도
할머니는 빨래만 하였습니다
무명을 바래듯
할머니 사랑은 희고 희어서
강물에 빨래만 하셨습니다

소지 사르듯
소지를 사르듯
푸른 기와집 난리 통에 연기로 올리고
울 안팎 하늘땅만 지키시다가
먼 산 그림자 지고 날 저물면
머리만 곱게 빗으시다가
할머니는 오동나무장의 옹이 무늬 되셨습니다

머나먼 정선 함씨

우리 어머니
머나먼 정선 함씨
아우라지 강 건너 양양 땅 시집와
소리 잘하기로 삼동이 다 알았다

젊어 날 업고 황아장수 해 지는 영길에서나
닭 홰 오르고 구들장이 굴뚝을 태우는 밤
달빛 아래 깨를 터시며
그렇게 많은 소리가 있을 줄이야

개울 건너 들 건너
머나먼 정선 함씨
하늘 한켠 서쪽으로 열어놓으시고
윗말 얼금뱅이 무당 시왕 가르는 차일 밑에서
그렇게 많은 눈물이 있을 줄이야

떠도는 청호동*

떠나야지
청호동은 청호동 사람들의 땅이 아니고
그저 남한의 공유수면일 뿐
이곳에선 물이 흐를 때마다
자꾸 발목이 빠진다
잊혀지지 않으려고,
잠들지 않으려고
서로 모래 뿌리는 저녁
갈매기들이 청초호 더러운 물에 부리를 박는 것을
늙은 아바이들이 눈시울을 적시며 바라보고 있다
섬이 아닌 줄 알면서도
끝끝내 떠도는 섬
흐르고 물이 흐르는 동안
청진이나 신포부두에 매어놓은 배들이 삐걱거리고 있다

---

* 속초에 있는 함경도 피난민 집단 거주지.

아버지의 집으로 가고 싶다

벌써 오래되었다
부엌 옆에 마구간 딸린 아버지의 집을 떠나
마당도 굴뚝도 없는 아파트에 와 살며
나는 그게 자랑인 줄 알았다

이제는 그 이름도 거반 잊었지만
봄 둑길에 새 풀 무성할 때면
우리 소 생각난다
어떤 날 저녁에는
꼴짐 지고 돌아오는 아버지 늦는다고
동네가 떠나갈 듯 울기도 했었다

이제는 그 소도
아버지도 다 졸업했다고
이 도시의 시민이 되어 산 지 오래인데도
우리 소 좋아하던 풀밭 만나면
한 짐 베어 지고
그만 아버지의 집으로 돌아가고 싶다

내 가는 길의 모든 검문소에서

젊어서는 그랬다
대대리 삼거리 차가 멈추면
죄 없이도 가슴이 방망이질했다
권총 찬 경찰이 경례를 올려붙이며
잠시 검문이 있겠습니다 하면
나는 까닭 없이 오줌이 마려웠다

화진포 삼불사로
어머니 사십구재 모시러 가던 그해 겨울
수염 거칠고 주민등록증마저 소지 안 한
나는 사정없이 정강이를 걷어차였다
돌아가신 어머니 아무 소용없던
십수 년 전 그 조국의 국도

마흔이 넘어서 지금도 그렇다
그 삼거리에 아직 차는 어김없이 멈추고
엠식스틴 움켜쥔 헌병이 통로를 훑어 오면
나는 뭔가 불어야 할 게 있는 것 같다

내 가는 길의 모든 검문소에서
오늘도 나는 가슴이 뛴다

조선의 젖

댁말교회 옆 한소쿠리집 할머니는
젖통이 드럼통만 하다.
예순이 훨씬 넘었는데도
런닝구를 치켜들고 선 젖통이
그야말로 산봉우리 두 개 매달린 것 같다.
이 여름 농협 연쇄점에 국수 사러 오셨다.
―국수 먹을 일 있습니까?
―지집아 시집보내네.
―몇째를요?
―열여덟에 시집와설랑 지집아 여덟에 아들 하나 낳았는데 이번에 막내 지집아 치우네
하시며 떡 벌어진 어깨에 춤이 실린다.
올망졸망 아들딸 한 지게 낳았다고
택호가 한소쿠리집 할머니
맨머리에 국수 이고 문을 나서는데
젖통이 출렁출렁 들판처럼 흔들린다.

귀떼기청봉

나는 아직 설악산 상상봉에 가보지 못했네

이 산 밑에서 평생을 살면서도
한 해에도 수천 명씩 올라가는 그곳을
나는 여태 가보지 못했네
그곳에서는 세상이 훨씬 잘 보인다지만
일생을 걸어도 오르지 못할 산 하나는 있어야겠기에
마음속 깊은 곳에 대청봉 묻어놓고

나는 날마다 귀떼기청봉쯤만 바라보네

■ 집은 아직 따뜻하다

미천골 물푸레나무 숲에서

이 작두날처럼 푸른 새벽에
누가 나의 이름을 불렀다

개울물이 밤새 닦아놓은 하늘로
일찍 깬 새들이
어둠을 물고 날아간다

산꼭대기까지
물 길어 올리느라
나물들은 몸이 흠뻑 젖었지만
햇빛은 그 정수리에서 깨어난다

이기고 지는 사람의 일로
이 산 밖에
삼겹살 같은 세상을 두고
미천골 물푸레나무 숲에서
나는 벌레처럼 잠들었던 모양이다

이파리에서 떨어지는 이슬이었을까
또 다른 벌레였을까
이 작두날처럼 푸른 새벽에
누가 나의 이름을 불렀다

삼불사

노장 스님께서
얘야, 올해는 등(燈)이 시원찮구나 하시는데
분장한 듯 길고 흰 눈썹 뒤로 진부령 놀빛이 보였다

저녁 바람이 짓는 수억만 개 물이랑 속으로
산이 몸을 떨며 들어간다
나뭇가지를 건너뛰던 새들도
발을 헛디딘다
세상이 하 약아져서
이젠 초파일 등 장사도 시원찮다시지만
저 놀빛보다 더 큰 등이 어디 있겠습니까

그해 봄
화진포 물속 절마루에 드신 후
여태껏 뭘 하고 계시다가
이 저녁 놀빛 속으로
도포 자락 펄럭이시며 물을 건너가시는 아버지
영가(靈駕)여 하고 부르니까

스무 해 전 마음 한가운데서
비로소 청둥오리 한 마리 삐뚜로 날아간다

저녁 공양 드리는 스님 어깨가 깊이 휘었다
소나무 가지를 꺾으며 물이 절마당까지 차오르고
어둠이 내 마음에 크고 작은 등을 달자
상여처럼 흔들리는 절 한 채
동해 쪽으로 떠간다

물속의 집

그해 겨울 영랑호 속으로
빚에 쫓겨 온 서른세 살의 남자가
그의 아내와 두 아이의 손을 잡고 들어가던 날
미시령을 넘어온 장엄한 눈보라가
네 켤레의 신발을 이내 묻어주었다

고니나 청둥오리들은
겨우내 하늘 어디선가 결 고운 물무늬를 물고 와서는
뒤뚱거리며 내렸으며
때로 조용한 별빛을 흔들며
부채를 청산한 가족들의 웃음소리가
인근 마을까지 들리고는 했다

얼음꽃을 물고
수천 마리 새들이 길 떠나는 밤으로
젊은 내외는 먼 화진포까지 따라 나갔고
마당가 외등 아래서
물고기와 장난치던 아이들은

오래도록 손을 흔들었다
그러나 그 애들이 얼마나 추웠을까 생각하면
지금도 눈물이 나의 뺨을 적신다

그래도 저녁마다
설악이 물속의 집 뜨락에
아름다운 놀빛을 두고 가거나
산 그림자 속 화암사 중들이
일부러 기웃거리다 늦게 돌아가는 날이면
영랑호는 문을 닫지 않는 날이 많았다

그런 날은 물속의 집이 너무 환하게 들여다보였다

선림원지禪林院址에 가서

선림(禪林)으로 가는 길은 멀다
미천골 물소리 엄하다고
초입부터 허리 구부리고 선 나무들 따라
마음의 오랜 폐허를 지나가면
거기에 정말 선림이 있는지

영덕, 서림만 지나도 벌써 세상은 보이지 않는데
닭 죽지 비틀어 쥐고 양양 장 버스 기다리는
파마머리 촌부들은 선림 쪽에서 나오네
천 년이 가고 다시 남은 세월이
몇 번이나 세상을 뒤엎었음에도
흐르는 물에 발을 담근 농가 몇 채는
아직 면산(面山)하고 용맹정진하는구나

좋다야, 이 아름다운 물감 같은 가을에
어지러운 나라와 마음 하나 나뭇가지에 걸어놓고
소처럼 선림에 눕다
절 이름에 깔려 죽은 말들의 혼인지 꽃들이 지천인데

경전(經典)이 무거웠던가 중동이 부러진 비석 하나가
불편한 몸으로 햇빛을 가려준다

어디로 가는지도 모르고
여기까지 오는 데 마흔아홉 해가 걸렸구나
선승들도 그랬을 것이다
남설악이 다 들어가고도 남는 그리움 때문에
이 큰 잣나무 밑동에 기대어 서캐를 잡듯 마음을 죽이거나
저 물소리 서러워 용두질을 했을지도 모른다
그러나 슬픔엔들 등급이 없으랴

말이 많았구나 돌아가자
여기서 백날을 뒹군들 니 마음이 절간이라고
선림은 등을 떼밀며 문을 닫는데
깨어진 부도(浮屠)에서 떨어지는
뼛가루 같은 햇살이나 몇 됫박 얻어 쓰고
나는 저 세간의 무림(武林)으로 돌아가네

대결

큰눈 온 날 아침
부서져 나간 소나무들 보면 눈부시다

그들은 밤새 뭔가와 맞서다가
무참하게 꺾였거나
누군가에게 자신을 바치기 위하여
공손하게 몸을 내맡겼던 게 아닐까

조금씩 조금씩 쌓이는 눈의 무게를 받으며
더 이상 견딜 수 없는 지점에 이르기까지
나무는 무슨 생각을 했을까

저 빛나는 자해(自害)
혹은 아름다운 마감

나는 때로 그렇게
세상 밖으로 나가고 싶다

달이 자꾸 따라와요

어린 자식 앞세우고
아버지 제사 보러 가는 길

─아버지 달이 자꾸 따라와요
─내버려둬라
　달이 심심한 모양이다

　우리 부자가 천방둑 은사시나무 이파리들이 지나가는 바람에 쏴르르 쏴르르 몸 씻어내는 소리 밟으며 쇠똥 냄새 구수한 판길이 아저씨네 마당을 지나 옛 이발소집 담을 돌아가는데

　아버지 적 그 달이 아직 따라오고 있었다

나의 노래

우리 어머니
처녀 적 자시던 약술에 인이 박여
평생 술을 자셨는데
긴 여름날 밭일하시면서
산그늘 샘물에 술을 담가놓았다가 드실 때면
나도 덩달아 마시고는 했지요
그리고 어린 나는 솔밭에서
하늘과 꽃과 놀며 소를 먹이고
어머니는 밭고랑에서 내 모르는 소리를 저물도록 했지요

지금 내 노래의 대부분은
그 흙 묻은 어머니의 소리 가락에 닿아 있지요

제삿날 저녁

장작을 집어넣을 때마다
불꽃들이 몸서리치며 튀어 오른다
서로의 몸뚱이에 불을 붙이면서도
저렇게 태평스러운 불길들
가마솥의 물이 끓는다
뜨겁다고 끌어안고 아우성이다
저것들도 언젠가 얼음이 되리라
지난날 어머니와 내가
나란히 앉았던 아궁이 앞에
오늘은 아들과 함께
하염없이 불꽃을 바라본다
우리는 저 불꽃 속에서 왔는지도 모른다
혹은 물에서 왔을까
장작불 앞에서
술 취한 사람처럼 벌건 얼굴로
끓는 물소리를 듣고 있는데
뜬김 자욱하게 서린 부엌 안에
우리 말고 또 누가 있는 것 같다

국수가 먹고 싶다

국수가 먹고 싶다

사는 일은
밥처럼 물리지 않는 것이라지만
때로는 허름한 식당에서
어머니 같은 여자가 끓여주는
국수가 먹고 싶다

삶의 모서리에 마음을 다치고
길거리에 나서면
고향 장거리 길로
소 팔고 돌아오듯
뒷모습이 허전한 사람들과
국수가 먹고 싶다

세상은 큰 잔칫집 같아도
어느 곳에선가
늘 울고 싶은 사람들이 있어

마을의 문들은 닫히고
어둠이 허기 같은 저녁
눈물 자국 때문에
속이 훤히 들여다보이는 사람들과
따뜻한 국수가 먹고 싶다

희망에 대하여
―사북에 가서

그렇게 많이 캐냈는데도
우리나라 땅속에 아직 무진장 묻혀 있는 석탄처럼
우리가 아무리 어려워도
희망을 다 써버린 때는 없었다

그 불이
아주 오랫동안 세상의 밤을 밝히고
나라의 등을 따뜻하게 해주었는데
이제 사는 게 좀 번지르르해졌다고
아무도 불 캐던 사람들의 어둠을 생각하지 않는다

그게 섭섭해서
우리는 폐석 더미에 모여 앉아
머리를 깎았다
한번 깎인 머리털이 그렇듯
더 숱 많고 억세게 자라라고
실은 서로의 희망을 깎아주었다

우리가 아무리 퍼 써도
희망이 모자란 세상은 없었다

변두리에 내린 눈

밤새 눈 내리다 그친 날 아침
누가 이사를 한다

여자와 아이들은
안에 타고
타이탄 적재함에 탄
남자의 머리칼이
깃발처럼 나부낀다

어느 농사꾼의 후예일까

뒤집어놓은 상다리 속에
호박 덩이랑 동여매고
또 어느 동네로 가는지

변두리에 내린 눈은 더욱 희다

아침 시장

화장을 곱게 한 닭집 여자가 닭들을 좌판 위에 진열하고 있다. 벌거벗은 것들을 모두 벌렁 젖혀놓아도 그들은 별로 부끄러워하는 것 같지 않다. 그 옆 반찬가겟집 주인은 무릎을 공손히 꿇고 앉아 김을 접는다. 꼭 예배당에 온 사람 같다. 어느 촌에서 조반이나 자시고 나왔는지 장바닥 목 좋은 곳 깔고 앉으려고 새벽에 떠났을 할머니가 나생이와 쪽파 뿌리를 털어 손주 머리 빗듯 빗어 단을 묶는다. 각을 뜬 지 얼마 안 돼 아직 근육이 살아 퍼들쩍거리는 돼지고기를 가득 싣고 가는 리어카를 피하며 출근길의 아가씨가 기겁을 하자 무슨 썹이 어떻다고 씨부렁거리는 리어카꾼의 털모자에서 무럭무럭 김이 솟는다. 아직 봄이 이른데 저놈의 딸기 빛깔도 곱다. 순댓국밥집 앞의 시멘트 바닥에 잘생긴 소머리 하나가 새벽잠을 자다가 끌려 나왔는지 아직 꿈꾸는 표정으로 면도를 받고 있는데 갑자기 골목이 환해지며 차 배달 갔다 오는 다방 아가씨가 어묵가게 아저씨를 향하여 엉덩이를 힘차게 흔들며 지나간다.

겨울 화진포

북으로 가는 길은 멀다

군데군데 검문소와 탱크 저지선 지났는데도
호숫가 솔숲에서 앳된 군인이
자동소총 거머쥐고
다시 길을 막는다.

춥다
그래도 물은
떠도는 새들 때문에 얼지 못하고
산 그림자로 겨우 제 몸을 덮었을 뿐,

추위 속에
잠들면 죽는다고
물결이 갈대들의 종아리를 친다
하늘에도 검문소가 있는지
북으로 가는 청둥오리 수천 마리
서로의 죽지에 부리를 묻고 연좌하고 있다

이미 죽은 주인을 기다리며
반세기 가까이 마주 보고 선
저 역사의 무허가 건물들.
이승만과 김일성 별장 사이 물빛은 화엄인데
새떼들만 가끔 힘찬 활주 끝에 떠오르며
물속의 산을 허문다.

청호동에 가본 적이 있는지

혹시 청호동에 가본 적이 있는지
집집마다 걸려 있는 오징어를 본 적이 있는지
오징어 배를 가르면
원산이나 청진의 아침햇살이
퍼들쩍거리며 튀어 오르는 걸 본 적이 있는지
그 납작한 몸뚱이 속의
춤추는 동해를 떠올리거나
통통배 연기 자욱하던 갯배머리를 생각할 수 있는지
눈 내리는 함경도를 상상할 수 있는지
우리나라 오징어 속에는 소줏집이 들앉았고
우리들 삶이 보편적인 안주라는 건 다 아시겠지만
마흔 해가 넘도록
오징어 배를 가르는 사람들의 고향을 아는지
그 청호동이라는 떠도는 섬 깊이
수장당한 어부들을 보았거나
신포 과부들의 울음소리를 들어본 적은 없는지
누가 청호동에 와
새끼줄에 거꾸로 매달린 오징어를 보며

납작할 대로 납작해진 한반도를 상상한 적은 없는지
혹시 청호동을 아는지

■ 어느 농사꾼의 별에서

오래된 사랑

백담사 농암장실 뒤뜰에
팥배나무꽃 피었습니다
길 가다가 돌부리를 걷어찬 듯
화안하게 피었습니다
여기까지 오는 데
몇 백 년이나 걸렸는지 모르지만
햇살이 부처님 아랫도리까지 못살게 구는 절 마당에서
아예 몸을 망치기로 작정한 듯
지나가는 바람에도
제 속을 다 내보일 때마다
이파리들이 온몸으로 가려주었습니다
그 오래된 사랑을
절 기둥에 기대어
눈이 시리도록 바라봐주었습니다

별 만드는 나무들

내설악 수렴동 들어가면
별 만드는 나무들이 있다
단풍나무에서는 단풍별이
떡갈나무에선 떡갈나무 이파리만 한 별이 올라가
어떤 별은 삶처럼 빛나고
또 어떤 별은 죽음처럼 반짝이다가
생을 마치고 떨어지면
나무들이 그 별을 다시 받아내는데
별만큼 나무가 많은 것도 다 그 때문이다
산에서 자본 사람은 알겠지만
밤에도 숲이 물결처럼 술렁이는 건
나무들이 별 수리하느라 그러는 것이다

가라피*의 밤

가라피의 어둠은 짐승 같아서
외딴 곳에서 마주치면 서로 놀라기도 하고
서늘하고 퀴퀴한 냄새까지 난다
나는 그 옆구리에 누워 털을 뽑아보기도 하고
목덜미에 올라타보기도 하는데
이 산속에서는 그가 제왕이고
상당한 세월과 재산을 불야성에 바치고
어느 날 앞이 캄캄해서야 나는
겨우 그의 버러지 같은 신하가 되었다
날마다 저녁 밥숟갈을 빼기 무섭게
산을 내려오는 시커먼 밤에게
구렁이처럼 친친 감겨 숨이 막히거나
커다란 젖통에 눌린 남자처럼 허우적거리면서도
나는 전깃불에 겁먹은 어둠들이 모여 사는
산 너머 후레자식 같은 세상을 생각하고는 했다
또 어떤 날은 산이 노루 새끼처럼 낑낑거리는 바람에 나가보면
 늙은 어둠이 수천 길 제 몸속의 벼랑에서 몸을 던지거나

햇어둠이 옻처럼 검은 피칠을 하고 태어나는 걸 보기도
했는데
 나는 그것들과 냇가에서 서로 몸을 씻어주기도 했다
 나는 너무 밝은 세상에서 눈을 버렸고
 생각과 마음을 감출 수 없었지만
 이곳에서는 어둠을 옷처럼 입고 다녔으므로
 나도 나를 잘 알아볼 수가 없었다
 밤마다 어둠이 더운 고기를 삼키듯 나를 삼키면
 그 큰 짐승 안에서 캄캄한 무지를 꿈꾸거나
 내 속에 차오르는 어둠으로
 나는 때로 반딧불이처럼 깜박거리며
 가라피를 날아다니고는 했다

---

* 양양 오색에 있는 산골 마을.

진부령

내 스무 살
저 지랄 같은 새벽,
아버지 소 판 돈 몰래 들고
서울 가는 디젤 버스 기름 냄새에
개처럼 헐떡이며 넘던 영.
그 큰 소 다 털어먹고
추석 명절 달 그늘만 믿고 돌아오던 날
먼지 낀 차창을 손바닥으로 문지르며
면목 없는 얼굴을 비춰보다가
고개말량 이르면 눈물 나던 영.

감자떡

하지가 지나면
성한 감자는 장에 나가고
다치고 못난 것들은 독에 들어가
가을까지 몸을 썩혔다
헌 옷 벗듯 껍질을 벗고
물에 수십 번 육신을 씻고 나서야
그들은 분보다 더 고운 가루가 되는데

이를테면 그것은 흙의 영혼 같은 것인데

강선리 늙은 형수님은 아직도
시어머니 제삿날 그걸로 떡을 쪄서
우리를 먹이신다

아버지가 보고 싶다

자다 깨면
어떤 날은 방구석에서
소 같은 어둠이 내려다보기도 하는데
나는 잠든 아이들 얼굴에 볼을 비벼보다가
공연히 슬퍼지기도 한다
그런 날은 아버지가 보고 싶다

들에서 돌아오는 당신의
모자나 옷을 받아 들면
거기서 나던 땀 내음 같은 것
그게 아버지 생의 냄새였다면
지금 내게선 무슨 냄새가 나는지

나는 농토가 없다
고작 생각을 내다 팔거나
소작의 품을 팔고 돌아오는 저녁으로
아파트 계단을 오르며
나는 아버지의 농사를 생각한다

그는 곡식이든 짐승이든
늘 뭔가 심고 거두며 살았는데
나는 나무 한 그루 없이 이렇게 살아도 되는 건지
아버지가 보고 싶다

봄날 옛집에 가다

봄날 옛집에 갔지요
푸르디푸른 하늘 아래
머위 이파리만 한 생을 펼쳐 들고
제대하는 군인처럼 갔지요
어머니는 파 속 같은 그늘에서
아직 빨래를 개시며
야야 돈 아껴 쓰거라 하셨는데
나는 말벌처럼 윙윙거리며
술이 점점 맛있다고 했지요
반갑다고 온몸을 흔드는
나무들의 손을 잡고
젊어선 바빠 못 오고
이제는 너무 멀리 가서 못 온다니까
아무리 멀어도 자기는 봄만 되면 온다고
원추리꽃이 소년처럼 웃었지요

있는 힘을 다해

해가 지는데
왜가리 한 마리
물속을 들여다보고 있다

저녁 자시러 나온 것 같은데

그 우아한 목을 길게 빼고
아주 오래 숨을 죽였다가
가끔
있는 힘을 다해
물속에 머릴 처박는 걸 보면

사는 게 다 쉬운 일이 아닌 모양이다

오늘은 일찍 집에 가자

오늘은 일찍 집에 가자
부엌에서 밥이 잦고 찌개가 끓는 동안
헐렁한 옷을 입고 아이들과 뒹굴며 장난을 치자
나는 벌서듯 너무 밖으로만 돌았다
어떤 날은 일찍 돌아가는 게
세상에 지는 것 같아서
길에서 어두워지기를 기다렸고
또 어떤 날은 상처를 감추거나
눈물 자국을 안 보이려고
온몸에 어둠을 바르고 돌아가기도 했다
그러나 이제는 일찍 돌아가자
골목길 감나무에게 수고한다고 아는 체를 하고
언제나 바쁜 슈퍼집 아저씨에게도
이사 온 사람처럼 인사를 하자
오늘은 일찍 돌아가서
아내가 부엌에서 소금으로 간을 맞추듯
어둠이 세상 골고루 스며들면
불을 있는 대로 켜놓고

숟가락을 부딪치며 저녁을 먹자

줄포에서

동해에서 조반을 먹고
줄포(茁浦)에 오니 아직 해가 남았다
나라라는 게 고작 이 정도라면
나도 왕이나 한번 해볼걸

큰 영 하나만 넘어도
안 살아본 세상이 있고
해 질 때 눈물 나는 바다가 있는데
나는 너무 동쪽에서만 살았구나
해마다 패독산(敗毒散) 몇 첩으로 겨울을 넘기며
나 지금 너무 멀리 와
다시 돌아갈 수 있을지 몰라
그래도 며칠 더 서쪽으로 가보고 싶은 건
생의 어딘가가 아프기 때문이다

이게 아니라고
여기가 아니라며 추운 날
기러기 같은 생애를 떠메고 날아온

부안 대숲마을에서
되잖은 시 몇 편으로 얼굴을 가리고
몰래 만나는 여자도 없이 살았다고
지는 해를 바라보고 섰는데
변산반도 겨울바람이
병신같이 울지 말라고
물 묻은 손으로 뺨을 후려친다

나는 너무 일찍 서쪽으로 온 모양이다

낙타

새벽 세 시에 일어나 〈동사서독(東邪西毒)〉을 본다
보아도 서로 모른다
남자들은 칼을 맞으면서도
왜 사랑을 놓지 않는지

집은 낡았으나 자식들은 어리다
영화 속의 한 젊은이가 고향을 떠나며
날이 새면 또 내일이 오늘을 이긴다니
그쪽으로 아내의 꿈길을 고쳐준다
누구나 잠잘 땐 가엾은 것이다
나도 깨끗한 물에 얼굴을 비춰보고 싶다

나는 한이 없는 사람이다
그래도 술을 마시고 시를 짓는다
불러야 할 노래가 있어서다
돌아갈 곳이 없으면 사랑이 보인다지만
사랑이 끝내 슬픔을 이기지 못하고
모래바람 새벽으로 내가

가시나무처럼 깨어 있는 것은
생이 불구이기 때문이다

복사꽃 피는 고향을 떠난 지 오래되었으나
나는 아직 이름조차 얻지 못하였다
세상엔 날 알아보는 사람이 없고
봄이 와도 돌아가지 못하는 옛집엔
이미 모르는 사람이 사는데
비디오가 끝나고 새벽 어디선가 낙타가 운다

시 파는 사람

젊어서는 몸을 팔았으나
나도 쓸데없이 나이를 먹은 데다
근력 또한 보잘것없었으므로
요즘은 시를 내다 판다
그런데 내 시라는 게 또 촌스러워서
일 년에 열 편쯤 팔면 잘 판다
그것도 더러는 외상이어서
아내는 공공근로나 다니는 게 낫다고 하지만
사람이란 저마다 품격이 있는 법,
이 장사에도 때로는 유행이 있어
요즘은 절간 이야기나 물푸레나무 혹은
하늘의 별을 섞어내기도 하는데
어떤 날은 서울에서 주문이 오기도 한다
보통은 시골보다 값을 조금 더 처주긴 해도
말이 그렇지 떼이기 일쑤다
그래도 그것으로 나는 자동차의 기름도 사고
아이들에게 용돈을 주기도 하는데
가끔 장부를 펴놓고 수지를 따져보는 날이면

세상이 허술한 게 고마워서 혼자 웃기도 한다
사람들은 내 시의 원가가 만만찮으리라고 생각하는 모양이지만
사실은 우주에서 원료를 그냥 퍼다 쓰기 때문에
팔면 파는 대로 남는다는 걸 모르는 것 같아서다
그래서 나는 죽을 때까지
시 파는 집 간판을 내리지 않을 작정이다

어둠

나무를 베면

뿌리는 얼마나 캄캄할까

한로 寒露

가을 비 끝에 몸이 피라미처럼 투명하다

한 보름 앓고 나서
마당가 물수국 보니
꽃잎들이 눈물 자국 같다

날마다 자고 일어나면
어떻게 사나 걱정했는데

아프니까 좋다
헐렁한 옷을 입고

나뭇잎이 쇠는 세상에서 술을 마신다

달동네

사람이 사는 동네에

달이 와 사는 건

울타리가 없어서다

그래서 사람들은

그들의 지붕 꼭대기에

달의 문패를 달아주었다

기러기 가족

―아버지 송지호에서 좀 쉬었다 가요.

―시베리아는 멀다.

―아버지 우리는 왜 이렇게 날아야 해요?

―그런 소리 말아라 저 밑에는 날개도 없는 것들이 많단다.

3부

심사평
수상 소감
미니 자서전
작가 에세이
작품론 1
작품론 2

심사평

김광규 시인

 심사 대상에 오른 중견·소장 시인들의 근간 시집을 여러 권 읽었다. 흔히 시를 허튼소리로 여기고 시인을 비정규직 룸펜으로 취급하는 21세기 초엽에도 이처럼 많은 시인들이 끊임없이 창작에 정진하고 있으니, 우리 시문학의 앞날이 다른 언어권보다 환하게 느껴진다.

 수상자로 선정된 이상국 시인의 시집 『뿔을 적시며』에는 60여 편의 시가 수록되었다. 향토의 서정과 서민의 삶에 뿌리내린 이 작품들은 남성적 어조의 소박한 육성을 들려주고 이 시인 특유의 진솔한 시 세계를 형상화하여 친숙하게 읽히고 폭넓은 공감을 자아낸다.

 특히 개인과 가족의 일상 체험에서 비롯된 「아들과 함

께 보낸 여름 한 철」,「먼 데 어머니 심부름을 갔다 오듯」, 「나는 시를 너무 함부로 쓴다」 등이 그렇다.

공동체 현실의 갈등과 슬픔이 육화된 「틈」,「한계령 자작나무들이 하는 말」,「소나무 숲에는」 등 10여 편은 이 시집의 5분의 1이 명편 수작임을 뚜렷이 보여준다.

> 소나무 숲에는 누군가 있다
> 저물어 불 켜는 마을을 내려다보며
> 아직 오지 않은 것들을 기다리는 누군가 있다
> 그렇지 않고서야 날마다
> 저렇게 먼 데만 바라보겠는가
> ─「소나무 숲에는」 부분

우리의 어제와 오늘, 그 고통과 좌절과 절망과 희망을 우리 소나무에 의탁하여 담담하게 그려낸 기량은 이 시인의 세련된 솜씨뿐만 아니라 의연한 기품에서 오는 것이라 생각된다. 60대 후반의 자연인으로서 소장 시인처럼 꿋꿋하게 시작 활동을 계속하고 있는 이상국 시인에게 축하와 격려의 박수를 보낸다.

아울러 박재삼문학상도 이처럼 믿음직한 수상자를 배출함으로써 해가 갈수록 든든한 기반을 쌓게 되리라 믿는다.

이시영 시인

 박재삼은 천상병, 박용래 그리고 또 다른 스타일리스트 김종삼과 더불어 한국 서정시가 낳은 귀중한 시인이다. 나는 고교 시절 그의 시 「추억에서」와 「울음이 타는 가을 강」을 접한 후 범상치 않은 그의 가락과 울음 섞인 순정한 언어에 매료된 바 있는데, 이번 심사 과정 내내 내 머릿속을 떠나지 않은 것은 과연 어느 시인이 그의 시 정신에 바투 다가서 있는 시인일까 하는 것이었다. 무릇 참다운 시란 그것이 '진품'인 한 가난하고 소외되고 '주류'에서 약간 비켜서 있는 듯하지만 생의 어떤 깊이에 반드시 다다라 있으리라는 것이 나의 지론이다.

 본심에 넘어온 11권의 시집은 글자 그대로 우열을 가릴 수 없을 만큼 뛰어난 역량들을 보여주었다. 이 중 어느 것 하나를 수상작으로 뽑아도 손색이 없을 정도였다. 그러나 재독 삼독하면서 나의 손에 마지막까지 남은 시집은 이상국의 『뿔을 적시며』였다. 이 시집은 동향 출신의 선배 시인 이성선의 경우처럼 일체의 수식과 과욕을 거부한 채 단정하게 '침묵'을 지향하고 있다. "모든 진정한 시는 무의미한 시다"라는 말을 한 이는 김수영이지만, 나는 모든 진정한 시는 궁극에 이르면 '침묵'을 지향한다고 생각한다. 이때의 침묵이란 물론, 모든 사변을 내장한 채 그 사변들을 일거에 '탈각'하며 음악처럼 여운을 남길 줄 아는 것을 가리키는 말이다. 시가 예술이 되는 순간이 있다면 바로 이때를 말한다.

> 소나무 숲에는 뭔가 있다
> 숨어서 밤 되기를 기다리는 누군가 있다
> 그렇지 않고서야 저렇게 은근할 수가 있는가
> 짐승처럼 가슴을 쓸어내리며
> 모두 돌아오라고, 돌아와 같이 살자고 외치는
> 소나무 숲에는 누군가 있다
> ―「소나무 숲에는」 부분

이 시에서 '요설'에 해당하는 부분은 4~5행이고 나머지 1~3, 6행은 "소나무 숲에는 누군가 있다"는 '음악'이다. 이는 '전언'이면서 음악을 지향하고, 그래서 침묵을 지향한다. 훌륭한 작품은 전언을 담고 있되 궁극에 이르러서는 그 전언을 '산문'처럼 털어버리고 일거에 '시'로 승격된다. 아니 시가 된다. 이 순간을 놓치지 않으면서 긴장을 유지하고 있는 작품을 만나는 것은 흔치 않은 일인데, 이상국은 이 시집의 적지 않은 작품들에서 바로 이 '시가 되는 순간'을 실현해 보여준다. 시집의 끝에서부터 적자면 「달려라 도둑」, 「골목 사람들」, 「면사무소」, 「틈」, 「신발에 대하여」 등이 그러하다(물론 일일이 적지 않은 더 많은 작품들이 있다).

이상국은 「소나무 숲에는」에서 "그렇지 않고서야 날마다/저렇게 먼 데만 바라보겠는가"라는 마지막 두 구절을 통해 "새로 오는 아이들과 먼 조상들"이 모인 소나무 숲을 시로 들어 올렸듯이, 추석날 든 도둑 소동을 "여북 딱했으면 그랬을라고……"라는 한마디로(「달려라 도둑」), 골목에 얽혀 사는 이웃들의 자질구레한 얘기들을 적다가 갑자기 생각난 듯 "다들 무슨 생각을 하며 사는지는 몰라도/어떻든 살아보려고 애쓰는 사람들이고/누군가는 이 골목을 지켜야 한다고 생각한다"(「골목 사람들」)라는 다짐으로, "면에는 면민들이 산다"라는 첫 행이 여러 정황 끝에 "면사무소는 면에 있다"(「면사무소」)는 마지막 행의 너무도 당연한 반전을 통해 낯익은 사연들을 전혀 다른 것으로 전변하는 시적 순간을 창출한다.

박재삼이 그러했듯 이상국은 다함없는 마음으로 이 세상의 곳곳을 어루만지면서 돌연 그것들에 유리 세공사처럼 따스한 입김을 불어넣어 "온몸이 환해"(「흰 웃음소리」)지며 그윽한 그만의 한 세계를 창조했다. 수상을 축하하며 그의 시에 경의를 표한다.

남송우 문학평론가

예심을 거쳐 본심에 넘겨진 11권의 시집을 읽으면서, 중진을 넘어선 우리 시단의 시인들의 현주소를 보는 듯했다. 전통적인 서정시의 기조 위에서 세계를 서정화하는 작업에서부터 사회적이고 현실적인 문제에 깊이 착념하고 있는 모습들, 그리고 새로운 자기 세계를 끊임없이 열어가기 위해 실험적인 몸짓을 보이는 등 다양한 시적 성과들을 보여주었기 때문이다. 그러나 심사자의 주된 관심은 이들 시인의 작품 중 누가 박재삼 시인의 작품 세계와 맥을 같이 하고 있느냐 하는 점이었다.

이상국 시인의 『뿔을 적시며』에서 나타나는 시적 성과는 결코 화려한 시 문법을 보여주지는 않지만, 일상의 소박한 삶의 결들을 진술하게 드러내고 있는 시의 담백함은 삶의 진정성에 쉽게 공감하게 만들었다. 삶을 결코 과장하거나 왜곡하지 않는 시인의 시적 자세는 시인이 견지해야 할 중요한 하나의 덕목이란 점에서 높이 평가한다. 이러한 이상국 시인의 시적 성과는 고단한 삶을 견디며 시로써 삶을 위무했던 박재삼 시인의 시적 행로를 닮아 있다고 평가하여 제2회 박재삼문학상 수상자로 결정하는 데 주저하지 않았다. 축하와 함께 앞으로 더 좋은 작품으로 독자들과 만날 수 있기를 기대한다.

수상 소감 | 이상국

 영동 지방에 밤새 봄눈이 내린 다음 날 느닷없이 날아든 행운을 기쁘게 받아 들었습니다. 도대체 지난겨울 어디서 무슨 일이 있었기에 제게 이렇게 신나는 봄이 오는지요.

 박재삼 시인은 생전에 꼭 한번 뵈었더라면 하고 꼽는 시인 중에 한 분이지요. 선생의 작품들은 대개가 쉽고 친근한 말로 되어 있으나, 그 중심에 가닿자면 둘레를 한참씩 서성여야 하는 멋과 은근함이 있습니다. 집안 아저씨처럼 너그러울 것 같은 분위기도 그렇습니다.

 "마음도 한자리 못 앉아 있는 마음일 때"처럼 꿈에라도 한번 양양(揚揚)해보지 못하고 제 시는 늘 저 세간의 번잡 속에 과다하게 자신을 드러내는 게 일이었습니다. 그래서 "시가 사람을 궁하게 만드는 것이 아니라 궁한 사람의 시가 공교롭다"고 한 선인들의 말처럼 손바닥만 한 그늘조차 잃어버리고는 했습니다.

 누구는 제 시가 세상에 이기기보다 그 반대쪽의 우수가 절실해 보인다는 평을 하기도 합니다. 그럼에도 선생 같은 절창의 울타리에다 저를 비끄러매는 것은 또 무슨 영광인지요. 누가 어느 시절엔들 기뻐서 시를 쓰겠습니까. 생이 대개 그러하듯 시 또한 그리움과 유랑이 그 근본이 되는 것이겠지요.

 수상 소식을 접하고 새삼스럽게 꺼내 든 선생의 작품에서 물그림자처럼 일렁거리는 남도 서정의 정감을 음미하며 선생의 생애와 시가 갑자기 제 몸속으로 흘러드는 황홀을 막을 수 없었습니다. 그 막대한 지원과 격려로 제 시의 곤고함을 물리치며 엄동의 지푸라기를 헤치고 올라오는 마늘 싹처럼 환한 하늘을 바라보겠습니다.

 갈 수 없는 북쪽 정주(定州)가 소월과 백석으로 더 그리운 땅이듯 아름다운 삼천포는 저 같은 사람에게는 오직 시인의 고향으로만 기억되고, 저는 아직 그곳에 가본 적이 없습니다. 거기서 육신과 정신을 받은 선배 시인의 이름으로 주어지는 이 상을 받으며, 언젠가 제 노래도 우리 땅 어느 한 자락을 울릴 수 있게 되기를 염원해봅니다.

 그리고 어딘지는 모르지만 그곳에 있을 "울음이 타는 가을 강"을 늘 그리워하겠습니다.

미니 자서전

정든 별에서 다시 봄을

치마끈을 손목에 감고 자다

나는 해방 다음 해인 1946년 강원도 양양에서 태어났다. 인공(人共) 치하였다. 강현면 강선리는 약 400년의 내력을 가진 경주 이씨 집성촌인데 거주민이 150여 호나 되는 큰 마을이다. 아버지는 낙산사 사찰답을 소작하는 소농이었고 어머니는 강릉 함씨 정선 사람이었다. 1930년대 기차도 버스도 없는 식민지의 저 머나먼 산골 정선에서 백두대간을 넘어 동해 바닷가에 어떻게 시집을 왔는지 지금도 의문이다. 아무튼 두 분 사이에서 나는 3남 중 막내로 태어났다.

내 생일은 음력 구월 열이레 날과 스무이레 날 둘이나 된다. 가을걷이가 끝나고 아버지가 산에서 검불단을 지어놓으면 어머니는 길마로 실어 날랐다. 그런데 뱃속에 있던 내가 너무 급하게 나오는 바람에 마루에도 못 오르고 부엌에 떨어뜨린 날이 구월 열이레 날인데 아버지 계산으로는 그날이 스무이레라는 것이었다. 내 호적상의 출생은 구월 이십칠일이고 사주에는 십칠일로 되어 있다. 어쨌거나 나는 그렇게 세상에 나왔고 생일 때가 오면 두 분이 다투고는 했다. 어머니는 늘 이렇게 중얼거리셨다.

"내 배로 낳았는데 내가 모를라고……."

아무튼 농경문화는 이렇듯 여유롭고 인간적인 것이다.

아버지는 농부였지만 한학을 해서 상가의 만장이나 동제(洞祭)의 축문 같은 것을 도맡았고, 전후 마을에 주둔한 군부대에 다니며 행정 처리를 해주기도 했다. 어머니는 술을 좋아하고 소리를 잘했다. 내가 놀기 좋아하는 것은 어머니를 닮았고, 쓸데없이 깐깐한 것은 아버지 쪽이다. 두 분은 자주 싸웠다. 어머니가 서럽게 우는 날에는 나 모르게 집을 나갈까 봐 어머니 치마끈을 친친 손목에 감고 잤다. 나는 아버지 같은 인간은 되지 않겠다고 맹세하고는 했다.

내 이름은 문필가

초등학교는 개울 건너에 있었는데 동무들과 책보를 메고 '우리의 맹세'를 외고 다녔다. 학년이 바뀔 때마다 장래 희망을 조사하면 나는 서슴없이 문필가라고 적어 냈다. 이승만 같은 대통령이나 맥아더 원수도 아니고 나는 어디까지나 문필가였다. 선생님은 니가 문필가가 뭔지나 알고 그러느냐고 무안을 주기도 했지만 나의 신념은 변함없었다. 언젠가 작문 숙제를 했는데 선생님은 내가 쓴 게 아니라고 의심하며 애들 앞에서 망신을 주었다. 한번은 미술 숙제로 아랫마을인 물치 예배당 그림을 그려 냈는데 그것도 누가 그려준 거라며 믿어주지 않았다. 나는 그 선생님에 대하여 지금도 원망스러운 마음이 있다.

아무튼 나의 문필가 희망에는 봄가을 시회(詩會)를 다니던 아버지와, 당시 일본에 유학을 다녀온 후 중학교 교장을 하고 있던 숙부의 영향이 있었을 것이다. 그리고 입담 좋은 아버지가 들려주던 중국의 고사와 삼국지 이야기 등이 내 속으로 들어왔는지도 모른다.

우리 마을은 옛날 속초 비행장 근처의 양양군과 속초시의 경계쯤에 있는데, 작은 개울 쌍천을 경계로 북쪽은 생활권이 속초였고 남쪽은 양양이었다. 강북 사람인 나는 속초중학교에 들어가 매일 20여 리를 걸어 다녔다. 촌구석에서 도시의 중학교로 간 나는 많이 위축되었고, 교내 백일장에서도 입상을 해보지 못했다.

영서 지방으로 발령이 난 작은아버지가 서책을 우리 집에 쌓아놓고 갔기 때문에 그 방은 내 독차지였다. 고등학교에 가서도 걸어 다녔다. 교복이 있었지만 검게 염색한 군인 야전잠바에 워커를 신고 책가방 가운데 건빵을 넣고 소설책을 읽으며 다녔다.

월사금을 못내 집으로 돌려보내면 친구들과 술을 마셨다. 나중에는 반발심에 일부러 안 내기도 했다. 호랑이 담배 먹던 시절의 이야기다.

그 무렵 속초시장 뒤에 헌책방이 하나 생겼는데 어머니 몰래 쌀을 퍼다가 책과 바꾸었다. 방인근의 야한 소설 같은 것들이었다. 그때 내가 들고 다니던 책가방의 바깥쪽에 빳빳한 책을 넣고 쌀을 담으면 네 되 정도는 들어갔다. 다리를 조금 저는 내 사설 도서관의 주인은 외상도 주었다. 어머니는 쌀독에 콩을 묻어 그 양을 표시해놓았지만 나는 깊이를 짐작했다가 쌀을 퍼내고 그만큼 콩을 다시 옮겨놓았다. 어머니는 그것도 아셨을 텐데 모르는 척하셨을 것이다. 당신도 쌀을 팔아야 돈을 만들었으니 누가 팔아도 팔아야 했을 테니까. 나중에는 학교에 도서관이 생겨서 쌀 퍼내는 일을 그만두었다. 고등학교 2학년 때부터『현대문학』을 구독하기 시작했다.

보건소 여직원이 눈을 뚫고 오다

1972년 스물다섯 살 되던 해『강원일보』신춘문예에 시가 당선되었다. 아버지 소 판 돈을 몰래 들고 두어 번 가출을 하는 등, 방황하는 청춘을 데리고 5~6년 서울을 드나들던 나는 어디에도 발을 못 붙이고 귀향했다. 그리고 골방에서 세상에 대한 좌절과 욕망을 시로 끼적거렸다.「문밖에서」라는 시였다.

마을에는 전화가 없었다. 무릎이 빠지는 눈을 뚫고 보건소 여직원이 당선 소감을 써 보내라는 신문사 소식을 전해주었다. 당시 소설로는 이외수가 당선되었다. 상금이 1만 5,000원 정도였던 것 같다. 하지만 지방 신춘문예 당선 가지고는 어디에서도 시인으로 대접해주지 않았다. 나는 그때 이성선, 최명길 등의 선배들과 속초의 설악문우회 활동을 하고 있었다. 당시 중앙 문단과 연결된 여러 길을 통해 등단도 하고 그랬는데 나도 어느 문학지에 줄이 닿아 작품을 보냈다. 그러나 일 년이 지나도록 감감무소식이었다. 작품을 받은 이가 분실해서 그렇게 되었다고 했으나, 실은 내 작품 속에는 1970년대를 통과하는 체제 비판적 그림자가 들어 있기 때문이라는 걸 나중에 들었다. 그 후 나는 당시 창간된 지 얼마 안 된 『심상』을 통하여 등단했다. 1976년이었다. 어렸을 적 희망대로 문필가가 된 것이다. 그러나 나는 시인이라는 간판만 달아놓고 거의 개점휴업 상태였다. 어떻게 사업을 해야 하는지, 어떤 상품이 잘 팔리는지도 모르는 채 세월만 보내다가 등단 10년 만에 겨우 첫 시집을 냈다. 그때 일면식도 없는 신경림 선생님께 해설을 부탁드렸더니 기꺼이 맡아주셨다. 지금 생각해도 고마운 일이다.

망월동으로 신혼여행을 가다

 부모님도 돌아가시고 동가숙서가식하며 지내다가 마흔 살이 넘어버렸다. 친구들이나 주변 분들이 사지육신이 멀쩡한데 혹 다른 문제가 있느냐고 놀렸다. 나는 그때마다 내 의지로는 불가능한 조건을 달았다. 이를테면 나라가 민주화되면 결혼하겠다는 것이었다. 그러다 1988년 늦은 나이인데도 나를 구해주는 처자가 있어 신부로 맞았다.
 신혼여행을 광주 망월동으로 갔다.
 신부는 내가 시인이다 보니 그렇게 엉뚱한 신혼여행을 가나 보다 하고 그냥 따라와주었다. 사실 오월항쟁 이후 나는 광주에 한번 가야 한다고 생각했다. 거기는 어떻게 생긴 도시인지, 거기 사람들 속에 들어가보고 싶었다. 금남로나 도청 광장도 가보고 싶었다. 꽃을 사 들고 간 망월동에서 서울교대 재학 중 목숨을 끊은 박선영 열사의 어머니를 만났다. 한이 뚝뚝 떨어지는 남도 사투리가 내 몸 안으로 물처럼 들어왔다. 우리는 그길로 완도, 여수 등 남도를 돌았다.

이듬해 낳은 딸아이가 스물다섯 살이 되었다. 다음다음 해 태어난 아들은 지금 나라를 지키고 있다. 인생이란 게 잘났든 못났든 빠르든 늦든 사는 일에는 정답이 없다. 세월은 가고 사람은 살아가기 마련이다.

미시령 나그네

농협과 신문사 등 몇 군데 직장을 거치고 2003년 만해마을에 둥지를 틀었다. 아침저녁 미시령을 넘어 다녔다. 설악산 자락에서 태어나 다른 데 나가 살아본 적이 없는 사람이지만 산과 영은 한없이 좋았다. 거의 10여 년 설악산을 넘어 다니며 늘 바람과 안개 그리고 소나기와 눈보라를 만났다. 낙엽과 눈은 산정에서 내려오고 꽃과 이파리는 밑에서부터 올라갔다. 그 풍광 속을 매일 통과하는 것은 나에게 축복과도 같은 것이었다. 그리고 그곳에서 많은 작가들을 만났다.

작가들은 낯을 가리고 쉽게 상처받고 작은 일에도 기뻐하는 대개 그런 사람들이었다. 어떤 날은 후배 시인과 늦게까지 술을 하고 영을 넘어 귀가한다는 게 깨어보니 다음 날 아침이 되었는데 나는 차 속에 있었다. 이차선의 한쪽을 거의 차지하고 잠들었던 것이다. 다행히 밤중에 다니는 차가 별로 없었고, 어쩐 일인지 창문이 조금 열려 있었다. 그때 창문이 닫혀 있었더라면 나는 지금 이 글을 못 쓰겠지. 아, 끔찍하고 아름다운 술.

초겨울 떠났다가 다음 해 봄이면 어김없이 찾아오는 북천 왜가리들, 고드름처럼 몸을 부딪치며 매달린 수백만 마리의 황태들, 만나고 헤어지던 사람들, 영을 넘어 다니며 나는 많은 것을 얻고 또 버렸다. 만해마을 일을 마치고 이듬해 봄 낸 시집 후기에 나는 이렇게 적었다.

거의 십여 년 미시령을 넘어 다녔다.

그곳의 사람 사는 마을과 풍광, 길이 지니고 가는 스스로의 치열함과 고립을 나는 충분히 사랑하고 즐겼다. 그리고 그 길 위에서 스쳐 지나간 많은 사람들, 타락을 모르는 나무들과 늘 같이 걸었다.

나는 마치 아침에 산속으로 들어갔다가 저녁에 바닷가로 나오는 바람과 같았다.

길 하나가 집으로 돌아가고 시 몇 편이 남았다.

그리고 미시령 길을 졸업하며 나는 드디어 법정 노인이 되었다.

뿔을 적시며

거의 35년을 월급봉투로 살았다. 장하다.

시작 활동 햇수도 이와 유사한데 그간 여섯 권의 시집을 냈다. 대략 6년 만에 한 권 정도를 낸 셈이다. 앞으로 홍어회처럼 푹 삭은 시집 한두 권은 더 내고 싶다.

언젠가 버스 안에서 구두를 짝짝이로 신고 있는 나를 발견했다. 그러나 서울 가는 차는 무정차였고 터미널을 떠난 지 한 시간이 넘었다. 스스로가 어처구니없고 대책이 없었다. 그리고 갑자기 바람 든 무처럼 허술하게 보이는 나를 다그치지 말고 위로해야 한다는 생각을 했다. 요즘은 전화가 한 번도 울리지 않는 날도 있다. 이게 자유다. 아니면 고립인가. 그래도 시가 있어 다행이다. 나에게 시는 방패요 만병의 특효약이며 어떤 싸움에서든 지지 않는 불굴의 전사다. 그런데 아는 이들을 가끔 만나면 요즘도 시를 쓰느냐고 묻는다. 그것밖에 할 게 없는 시인더러 그것도 하느냐고 물으니까 그런 날은 시가 가엾다. 나도 덩달아 힘이 빠진다. 그러나 이제부터라도 시와 맞짱을 한번 떠볼 생각을 하고 있다. 힘내라.

　작년에 낸 시집 표제작이 『뿔을 적시며』다. 대체적으로 뿔은 힘이 세고 사납다. 그런데 그게 달팽이 뿔이라면 이야기가 달라진다. 비가 와도 좋다. 작은 이파리이더라도 나는 뿔을 세우고 아직 가볼 데가 많다.

작가 에세이

말들의 거처, 말들의 운명에 관한 생각들[*]

1.

 어느 해 사월 초파일 이성선 시인과 신흥사 조실스님이 무슨 이야기 끝에 스님이 나는 살날이 얼마 남지 않았다는 말씀을 하시자 이성선 시인은 스님 제가 먼저 세상을 뜰지 어떻게 알겠습니까, 하는 말을 나는 무심하게 들었다. 그리고 며칠 안 돼 시인은 정말 세상을 버렸다.
 말은 다 안다. 그러니까 말을 조심해야 하는 것이다.
 말에게 자신을 들키거나 잘못 보이면 그 안에 갇히거나 따라다닐 수밖에 없다. 또 한번 한 말을 없었던 일로 하기란 거의 불가능한 일이다. 그래서 누굴 영원히 사랑한다든

---

[*] 2011년 제6회 불교문예작품상 수상 소감.

가, 좋아 죽겠다든가 하는 치명적인 말은 조심하는 게 좋다. 말이 서투를 땐 어디든 직접 전달되고 바로 가닿고자 한다. 그러나 말도 철이 들면 은근해지고 표현이 애매모호해지기도 한다. 말이 에돈다는 것은 그것이 이 세계에 대하여 예의를 차리고 사물들을 존중한다는 것이다.

나는 10년도 넘게 타고 다니던 자동차를 내다 버리며 그간 그에게 고맙다는 말을 한 번도 한 적이 없었다는 걸 알았다. 허기를 호소해야만 먹이를 주고 종처럼 부려먹었으니 그가 얼마나 힘들었을까? 외진 골목길에 홀로 선 가로등, 중국집 주방이나 공중변소 천장에서 먼지로 얼굴을 가리고 있는 힘을 다해 돌아가는 환풍기, 이런 것들에 대하여서도 마땅한 대우를 해줘야 한다. 안도현은 일찍이 연탄재의 고뇌를 대변해주고 연탄재 비슷한 사람들에게 큰 호응을 얻었는데 하물며 생명에 대하여서는 더할 나위도 없다.

시인이 전통 사회에서 벼슬을 했거나 어느 때는 지사적 대우를 받았던 적도 있으나 산업사회에 이르러서는 그 지위가 변변치 않은 게 사실이다. 그럼에도 불구하고 아직도 시인이 되고자 하는 사람들은 그들이 세상의 모든 것에 대하여 말로 극진한 예의를 지키고자 하는 천성을 지녔기 때문이다. 이렇게 대우할까 저렇게 모실까 하는 고투 끝에 대개는 20행 내외의 틀 속에 100여 마디의 말로 세계를 구현해내는 게 한 편의 시다. 그런데 그것이 누구에게 손해를 끼치거나 기분을 나쁘게 하지는 않는다. 오히려 그 반대로 한 편의 시가 사람의 운명을 바꿔놓기도 하고 어떤 때는 짧은 구절 하나로 전광석화 같은 감동을 선사하기도 한다.

  말의 궁극적 목적은 생각을 전달하는 데 있다.

  언젠가 누군가 나를 우리나라에서 가장 쉬운 시를 쓰는 시인이라고 한 적이 있다. 여기서 쉽다라는 것은 뭘까? 전달이 잘된다는 말일까, 고투가 보이지 않는다는 것일까.

2.

  지난 늦여름 일주일 남짓한 기간에 시집 60여 권을 읽은 적이 있다.

  등단 10년 미만의 시인들이었다. 대체적으로 자기 목소리를 내거나 문단 분위기나 조류에 민감한 시기이기도 하다. 읽어야 할 의무가 있어서 꼼꼼하게 읽기는 했지만 읽고 난 소감은 '대략난감' 그것이었다. 그들의 공통점은 감각적 언어의 과잉 같은 것으로 가능한 한 대상이나 의미를 복잡하게 만드는 데 있는 것 같았다. 그런 이유로 가독이 불편했고 그러다 보니 뭘 읽었는지 의미 파악이 어려웠다. 그들 대부분은 언어로 표현되는 대상에 대한 예의나 전달에 대한 배려 같은 건 별로 고려 대상이 아닌 것 같았다.

실험은 어느 때나 불온한 것이라고는 하지만 새로운 시인들은 새로운 서정과 표현 방법을 들고 나와 기존의 질서를 흔들고자 하는 열정을 갖기 마련이다. 그들이 이 세계를 겪고 받아들이는 감수성이나 그것을 담아내는 방법은 그 이전과는 뭐가 달라도 다르기 때문이다. 그러나 언어가 전달의 기능을 상실하거나 독자들의 이해를 의도적으로 헷갈리게 하는 데 치중하다 보면 결국은 그 언어들의 상호 불신이나 자가 중독 같은 것도 있을 수 있고, 또 그런 말 따라 어디까지 갈 수 있을까 하는 생각도 들었다.

스마트폰을 써보니까 별거 아니었다. 인간의 존엄이나 행복과는 별 상관이 없는 물건이었다. 손바닥보다 작은 물건 하나에 그렇잖아도 복잡한 세상을 더 복잡하게 만들어 놓은 데 불과했다. 하긴 실제보다 더 실제 같은 가상공간을 통하여 언제 어디서나 현상과 현장의 교환이 가능하고 보면 그 진화의 끝이 어디가 될지는 아무도 모르는 일이긴 하다.

언제부턴가 가독이 불편한 시라든가 함량 미달의 시인의 양산을 우려하는 사람들도 있고 그런 현상이 상업적이라든가 일종의 센세이셔널리즘이라고 더러는 흥분한다. 그러나 어느 때고 새것과 헌것은 갈등하고 싸우기 마련이다. 이승훈 시인은 어디선가 시의 본질이 무엇이냐, 시도 시적인 것도 없다. 제도가 시라고 불러주면 그게 시라고, 요즘 시에 대하여 다소 냉소적 반응을 보였는데 이 모든 기대와 우려에도 불구하고 시는 번성할 것이고 말은 남을 것이다.

3.

 김수영은 어느 날 고궁을 나오면서 자기는 왜 조그만 일에만 분개하느냐고 자조했다.
 "저 왕궁(王宮) 대신에 왕궁(王宮)의 음탕 대신에/오십(五十) 원짜리 갈비가 기름덩어리만 나왔다고 분개하고" 그리고 "방 두 칸과 마루 한 칸과 말쑥한 부엌과 애처로운 처를 거느리고/외양만이라도 남과 같이 살아간다는 것이 이다지도 쑥스러울 수가 있을까"라고 한탄했다.
 얼마 전 리비아의 카다피가 죽었다. 그러고 나서 누군가 시인 고은이 카다피를 미화했다고 비난하는 칼럼을 『중앙일보』에서 읽은 적이 있다. 한 대목 인용하면 이렇다.
 "고은은 카다피를 옹호하고 미화했다. '당신이 아직도 대령 계급장을 고수하는 괴벽을 퍽 고무적으로 이해하고 있다.' 그가 글을 쓴 1989년이면 카다피 집권 20년이다. 고은은 박정희 18년 집권은 비난하면서 테러리스트 독재자 20

년은 우호적으로 평가했다. 수백 명을 죽인 카다피와 김정일 테러에는 침묵하면서 미국의 응징과 한·미 연합훈련은 매도했다."

박정희 18년은 비난하는 시인이 반미노선의 세기적 독재자는 왜 옹호하며 또 북한의 독재자에게는 아무 소리도 하지 않느냐, 이런 얘긴데 적어도 글쓴이가 고은 시인과 사적인 감정이 없다면 이쯤 되면 시인이란 인류의 평화와 공존에 관계하는 위대한 존재이거나 고작 자기 말의 덫에 치여 시시비비의 진창에 나뒹구는 존재일 수밖에 없다.

말은 남을 찌르기도 하지만 자신에게 상처를 내기도 한다. 그래서 말은 무섭다. 말은 살아 있다. 멀리 4·19 혁명 때는 내가 중학생이었으니까 접어두고라도 가까이는 광우병 촛불집회나 대추리 혹은 용산 참사 같은 곳에 나는 한 번도 간 적이 없다. 못간 건 아니다. 늘 그랬다. 지금도 김진숙은 여자의 몸으로 한진중공업 고공 타워에서 300일을 넘겼다. 참혹한 현실이다. 그러나 그것도 남의 일이고 나는 희망버스를 한 번도 타지 않았다. 안 탔다고 누가 뭐라 한 적도 없다. 가능하면 문인들이 많이 모이는 자리는 안 가고 술은 혼자 마시고 몸에 좋다는 건 열심히 구해 먹는다.

나의 시는 언제나 나 개인적인 정서로 가득하고 대강 농사꾼 선대나 농업적 정서를 자산으로 운영되어왔으나 그

것이 대체적으로 남루하고 수적 열세이거나 계급적으로도 형편없게 되었으므로 요즘은 대처로 나간 아들딸이나 혹은 도시의 골목으로 말의 거처를 옮겼다.

어느 날 춘천 102보충대에 아들을 집어넣고 돌아오는 차 속에서 나는 안도했다. 입대해서 재수 없으면 그 애비의 신상도 들춘다는데 나는 나날이 오르는 기름값에 분개하거나 우리 집 뒤란에 낙엽을 떨구는 뒷집 감나무를 욕할 뿐이다. 고작 노무현 전 대통령이 부엉이 바위에서 뛰어내렸을 때 불쌍해서 눈이 퉁퉁 붓도록 울거나 언젠가 평양 망경대에 갔다가 흰저고리 검정치마 안내원에게 악수를 청하고는 누가 보았을까 봐 아직도 꺼림칙해하는 정도다. 고은 시인처럼 반미하는 남의 나라 대통령을 옹호한 적도 없고 불온한 시를 쓴 적도 없다. 더구나 권력을 불편하게 한 전과도 없다는 게 다행스럽다.

그리고 보면 나에게 고은은 정말 대시인이다.

4.

국민학교 시절부터 문필가가 되겠다고 하여 선생님이 문필가가 뭔지나 아느냐며 어이없어하던 아이가 커서 시인이 되었다. 시인은 대표작이라는 것을 내놓아야 할 때가 더러 있다. 그럴 때마다 나는 첫 시집은 물론 세 번째 시집까지에서는 작품을 선택하는 경우가 거의 없었다. 문학에 뜻을 두고 오랜 습작기를 거쳐 마침내 세상에 첫선을 보였던 수줍은 처녀 시집에서나 1980년대와 1990년대 초를 살아오며 낸 두 권의 시집, 그 속에 일테면 나를 대표할 만한 시가 한 편도 없다는 게 말이 되는지. 누군가 시인에게 수작과 타작이 있을 뿐 대표작이 어디 있느냐고도 했지만 그러면 거기에 실린 수많은 시편들은 나의 무엇이었을까? 그것들은 나의 존재가 소멸하면 같이 사라져버릴 말의 쓰레기들일까? 혹은 지독한 실패이거나 일종의 자기부정 같은 것일까.

다시 시집을 준비하면서 원고 정리 작업을 했다.

저번 시집을 낸 지 상당한 기간이 지났으니 작품 수가 제법 많았다. 그러나 그중 시집 한 권 분량의 시를 선하기 힘들었다. 그렇게 나에게 미달하는 상당한 시편들의 운명은 또 어떻게 되는 것일까? 물론 그 작품들을 쓰고 발표할 때는 적어도 이만하면 되었다고 회심의 미소를 지었던 것들이다.

김춘수 시인이 어딘가 쓴 시작 노트를 보면 알베르 카뮈는 "많은 여자를 사랑한다고 그 깊이가 달라지는 건 아니다"라고 했다고 한다.

나도 한 편 한 편을 똑같이 사랑했으니 위안은 되지만 불안하기 그지없다.

작품론 1

'농사꾼의 별'에서 부르는 '산그늘'의 노래

이홍섭(시인)

1. 기러기의 마음

박재삼 시인이 1976년에 펴낸 제4시집 『어린 것들 옆에서』(현현각, 1976)에는 설악산을 기행하며 쓴 다섯 편의 연작 '설악산시초(雪嶽山詩抄)'가 수록되어 있다. 「선녀(仙女)의 첫길」, 「한시름 놓고」, 「갱소년(更少年)」, 「골짜기의 것」, 「개구쟁이 구름」 등의 제목에서도 엿볼 수 있듯이, 시인은 이즈음 세상사를 '한시름 놓고' 설악산의 진경 속으로 들어가 '다시 소년(更少年)이 되고' 싶었던 모양이다.

> 설악산(雪嶽山) 그 많은 봉우리들을 보고 있으면
> 선녀(仙女)가 내려온 길이 보인다.
> 그것은 외길이 아니다,

두 갈래 세 갈래 길도 아니다.

무수하게 굴지고 깊은

사타구니의 부끄러운 길,

햇살과 구름이 만났다 헤어지는 언저리,

하 엷은 옷자락 소리도 들리고

거룩한 살냄새도 난다.

―「선녀(仙女)의 첫길」 전문

시인은 설악산의 많은 봉우리들을 보면서 선녀가 내려온 길을 본다. 그 길은 "사타구니의 부끄러운 길"이지만 역설적이게도 "거룩한 살냄새"가 나는 길이다. 시인은 이 연작을 통해 설악산의 천변만화하는 풍경을 그려내면서 모순과 분별로 얼룩진 세상사를 '한시름 놓고' 소년의 눈으로 생명 그 자체의 경이로움을 노래하고자 했다.

제2회 박재삼문학상을 수상한 이상국 시인은 생의 거의 전부를 이 설악산 밑에서 보냈다. 그는 박재삼 시인이 '설악산시초'를 쓴 40대에 다음과 같이 설악산을 노래했다.

나는 아직 설악산 상상봉에 가보지 못했네

이 산 밑에서 평생을 살면서도

한 해에도 수천 명씩 올라가는 그곳을

나는 여태 가보지 못했네

그곳에서는 세상이 훨씬 잘 보인다지만

일생을 걸어도 오르지 못할 산 하나는 있어야겠기에

마음속 깊은 곳에 대청봉 묻어놓고

나는 날마다 귀떼기청봉쯤만 바라보네

―「귀떼기청봉」 전문

  시인은 설악산 밑에 나서 마흔을 넘겼지만 "일생을 걸어도 오르지 못할 산 하나는 있어야겠기에" 정상의 대청봉은 마음에 묻어놓고 날마다 귀떼기청봉만 바라본다.

  처음 설악에 와서 '선녀의 길'을 본 박재삼 시인이나, '오르지 못할 산 하나'를 두고자 정상에 오르지 않는 이상국 시인이나 '갱소년'의 경지인 것은 막상막하다.

  이상국 시인이 훗날 "닿을 수 없는 내 안의 어느 곳에서 기러기처럼 살았다"(「산그늘」)라고 노래하자, 박재삼 시인은 "그러한 기러기/그 기러기 마음을 나는 안다"(「그 기러기 마음을 나는 안다」)라고 도닥인다. 이상국 시인과 박재삼 시인은 북쪽 끝자락과 남쪽 끝자락에서 각각 자라났지만, 이처럼 가난 속에 기러기의 마음을 알았다는 점에서 공통점이 많다.

  수상자인 이상국 시인의 시 세계를 거론하기에 앞서, 지

지리도 못난 후학들에게 정당한 평가를 받고 있지 못한 박재삼 시인의 시 세계를 떠올리며 사족을 붙여보았다.

덧붙여, 이 글은 필자가 그동안 이상국 시인의 작품 세계에 대해 여러 지면에 발표한 글들을 종합한 것으로, 지면의 성격상 읽는 분들의 눈의 피로를 고려하여 따로 주석을 달지 않음을 미리 밝혀둔다.

2. 농사꾼의 별, 농사꾼의 상상력

이상국 시인의 고향은 속초와 인접한 강원도 양양군 강현면 강선리(降仙里)다. 시인은 이곳에서 자라났고, 양양과 속초, 고성, 인제 등을 시의 주 무대로 삼아왔다.

시인이 태어난 강선리는 농촌 지역이다. '선녀가 내려온 곳'이라는 지명은 이곳이 전통적인 농촌 부락임을 알게 해준다. 작품의 무대가 바다보다는 주로 논과 밭 그리고 산인 것은 이러한 환경과 관련이 깊다. 그는 농사꾼의 아들로 자라났고, 가장 오래 재직한 직장 역시 농협이다. 그에게 있어 고향은 별이었고, 그는 그 별에서 소년으로 살았다.

    감자를 묻고 나서
    삽등으로 구덩이를 다지면

뒷산이 꽝꽝 울리던 별

(중략)

하늘에서는 다른 별도 반짝였지만
우리 별처럼 부지런한 별도 없었다

그래도 소한만 지나면 벌써 거름지게 세워놓고
아버지는 별이 빨리 돌지 않는다며
가래를 돋워대고는 했는데

그런 날 새벽 여물 끓이는 아랫목에서
지게 작대기처럼 뻣뻣한 자지를 주물럭거리다 나가보면
마당엔 눈이 가득했다

나는 그 별에서 소년으로 살았다
—「어느 농사꾼의 별에서」 부분

   이 작품은 시인이 문명의 이기가 채 찾아오지 않은 농사꾼의 별에서 소년으로 살았음을 알게 해준다. 이 소년에게 농사꾼의 별은 인간과 자연이 하나가 되어 돌아가는 순연하고 충만한 별이었다. 시인은 많은 작품들을 통해 이처럼 자연과 분리되지 않고, 인간의 유대가 훼손되지 않은 농촌 공동체의 전형을 그려내면서 지금 우리가 잃어버린 것이 무엇인가를 돌아보게 해준다.

그의 초기 시집에서 강렬하게 뿜어져 나오는 남성적 목소리와 야성(野性)의 바탕에는 이러한 농사꾼의 아들이 지닌 소와 같은 우직함, 분단 현장에서 자라면서 체험하고 느낀 역사 감각 그리고 역사와 권력으로부터 버림받고 소외된 사람들에 대한 연민과 사랑이 자리 잡고 있다. 두 번째 시집 『내일로 가는 소』에 실린 「벼보다 피가 많거든」은 시인의 이러한 강렬한 역사 인식을 느끼게 해주는 작품이다.

> 아들아
> 벼보다 피가 많거든 갈아엎거라
> 옛적 애비 농사처럼 다치는 벼 때문에
> 농살 그르치지 말거라
> 극성스러운 씨도 발붙이지 못하게
> 논바닥을 말리고 논두렁을 불 질러 태우거라
> 농사가 어디 한두 해 일이냐
> 논곡이 모자라면 밭곡으로 늘려 먹으며
> 후년이 있고 또 후년이 있지 않느냐
> 피를 잡다 보면 다치는 벼가 없으랴만
> 땅에서 난 것을 땅에다 갈아엎는데

> 우리가 한 번쯤 곤궁하다 해서
> 이 땅이 어디 가겠느냐
> 갈아엎고 불태우면 땅심은 오히려 깊어지는 법
> 아들아
> 벼보다 피가 많거든 갈아엎거라
>
> ―「벼보다 피가 많거든」 전문

 이 작품이 실린 시집이 출간된 해는 1989년이다. 이 작품은 그 이전, 즉 1980년대 중·후반의 암울한 상황 속에서 쓰였을 터인데, 강렬한 야성과 저항 정신은 거침이 없다. 역사 발전에 대한 진보적이고 낙관적인 믿음 또한 힘있게 표출되어 있다.

 농사꾼의 별에서 자라나 농사꾼의 상상력을 키운 그는 당대의 불의 앞에서 권력이나 힘깨나 쓰는 놈들을 모두 '피'거나 '잡놈'으로 치부한다. 남성적이면서 야성적인 목소리로 전개되는 이 작품은 그가 얼마나 우직한 농사꾼의 아들인지를 잘 보여준다.

 시인이 이러한 싸움을 통해 지키고자 한 것은 다름 아닌 '별'이다. 농사꾼의 아들로 자라면서 자신을 '소년'으로 만들어준 별이야말로 시인에게는 성소(聖所)의 상징과 같은 것이다. 시인에게 있어 '별'은 인본주의가 살아 있던 세계의 상징이면서 동시에 자아 성찰의 표상이다.

별 보면 섧다

첫새벽 볏바리 가는 소 눈빛에 어리고
저물어 돌아오는 어머니
호미날에도 비치던 그 별

어둠의 거울이었던
고향집 우물은 메워지고
이제 내 사는 곳에서는
별에게로 가는 길이 없어

오래전부터
내가 소를 잊고 살듯
별쯤 잊고 살아도

밤마다 별은
머나먼 마음의 어둠 지고 떠올라
기우는 집들의 굴뚝과
속삭이는 개울을 지나와
아직 나를 내려다보고 있다

―「별에게로 가는 길」 전문

이 작품에서 별은 '소'와 '어머니'로 상징되는 유년의 한 시절에는 인간과 분리되지 않는 존재였다. 그것은 인간의 '살림'과 하나 된 자연의 상징이었다. 그러나 화자는 지금 자신이 사는 곳에서는 별에게 가는 길을 잃었다고 말한다. 그 이유는 고향집 우물이 메워졌다는 표현에서 알 수 있듯이 '고향 상실'과 관련이 있다.

 하지만 화자는 밤마다 아직도 나를 내려다보고 있는 별을 만난다. 이는 오래전부터 소와 별을 잊고 산다는 앞 연의 내용을 감안할 때 일종의 역설적 표현이다. 어머니를 잊지 못하듯 소와 별은 표면적으로는 잊고 사는 것 같지만 결코 잊을 수 없는 존재, 늘 마음 위에 떠 있는 존재라는 것을 보여준다. 별 보면 서러운 것은 그것이 시인에게 있어 '상실'과 '부재'를 확인시켜주는 상징이기 때문이다.

3. 살림 우선주의와 인본주의적 세계

 농사꾼의 아들로서 시인의 세계관은 그를 "'살림 우선주의'를 바탕으로 한 '인본주의적(人本主義的) 세계'"(「발문」, 『뿌을 적시며』)로 나아가게 했다.

 '살림 우선주의'란, 그의 시가 무엇보다 '살림의 공간'을 배경으로 하고 있으며, 이 살림의 공간에서 부대끼는 서민들의 삶에 무한한 연민과 애정을 주고 있음을 뜻한다. 『우리는 읍으로 간다』, 『집은 아직 따뜻하다』, 『어느 농사꾼의 별에서』 등 그가 펴낸 시집의 제목들이 이를 잘 보여준다.

시인의 이러한 살림 우선주의 세계관은 궁극적으로 인본주의를 지향하고, 우리가 잃어가고 있는 자연과 인간의 조화 그리고 인간과 인간이 조화를 이루는 공동체적 삶의 덕목들에 대해 새삼 숙고하게 만든다.

> 선림(禪林)으로 가는 길은 멀다
> 미천골 물소리 엄하다고
> 초입부터 허리 구부리고 선 나무들 따라
> 마음의 오랜 폐허를 지나가면
> 거기에 정말 선림이 있는지
>
> 영덕, 서림만 지나도 벌써 세상은 보이지 않는데
> 닭 죽지 비틀어 쥐고 양양 장 버스 기다리는
> 파마머리 촌부들은 선림 쪽에서 나오네
> 천 년이 가고 다시 남은 세월이
> 몇 번이나 세상을 뒤엎었음에도
> 흐르는 물에 발을 담근 농가 몇 채는
> 아직 면산(面山)하고 용맹정진하는구나

(중략)

어디로 가는지도 모르고
여기까지 오는 데 마흔아홉 해가 걸렸구나
선승들도 그랬을 것이다
남설악이 다 들어가고도 남는 그리움 때문에
이 큰 잣나무 밑동에 기대어 서캐를 잡듯 마음을 죽이거나
저 물소리 서러워 용두질을 했을지도 모른다
그러나 슬픔엔들 등급이 없으랴

말이 많았구나 돌아가자
여기서 백날을 뒹군들 니 마음이 절간이라고
선림은 등을 떼밀며 문을 닫는데
깨어진 부도(浮屠)에서 떨어지는
뼛가루 같은 햇살이나 몇 됫박 얻어 쓰고
나는 저 세간의 무림(武林)으로 돌아가네
―「선림원지(禪林院址)에 가서」 부분

 시인에게 있어 선림(禪林)은 저 세간의 무림(武林)과 대척점에 있는 세계다. 그래서 시인은 마음의 오랜 폐허를 지나가면 거기에 정말 선림이 있는지 묻는다. 그러나 시인의 시선은 선림에 닿지 않고, 선림에서 나오는 "파마머리

촌부"와 "농가"에 닿는다. 이들은 세간의 살림살이에 대한 은유다.

이 작품에서 선림과 무림은 서로 질문하고 답을 구하는, 그 질문과 답을 통해 진정한 삶의 의미를 찾는 통로로서 작동한다. 시인이 마지막에 "세간의 무림"으로 돌아간다고 쓰는 것은 답을 찾았기 때문이다.

이 시가 끝까지 힘을 유지할 수 있었던 것은, 시 안팎으로 선림과 무림이 균형을 유지하고 있고 시인의 사유가 질문과 응답의 반복을 통해 찰진 반죽처럼 밀도가 강해지기 때문이다. 또한 질문을 당기고 푸는 때를 적절하게 운용하여 시가 지나치게 무겁거나 가벼워지는 것을 잘 통제한 점도 힘을 유지하는 데 기여하고 있다.

선림으로 상징되는 세계는 일종의 현실 초월적인 세계다. 그러나 시인은 그 초월적인 세계에 들어서면서도 파마머리 촌부와 가난한 농가를 보고, 선승들의 그리움과 외로움을 통해 인간적 면모들을 읽어내려 한다. 이러한 시선과 시적 긴장이 그를 '고전적 리얼리스트'로 남게 하는 원동력일 것이다.

시인은 이처럼 삶의 제 양상과 거기에서 파생되는 역사 인식을 보여주는 많은 시편들을 보여주면서 인본주의적 삶의 가치와 '생명'의 가치를 강조한다. 그에게 있어 사람의 살림살이는 공동체적 가치와 생명의 가치가 존중받기 위한 일차적 전제 조건이다. 생명이 중요하기 때문에 생명을 유지하는 살림살이가 중요하다. 그래서 시인은 그 어떤 어려움 속에서도 이 생명을 유지하는 것이야말로 아름다운 일이라고 반복해 말한다.

> 이 봄
> 햇살 수북하게 쌓인
> 전매서 울타리 아래 앉아
> 머리 풀어헤치고 빗질하는 네가 고마워서
> 사람들은 가다가 보고
> 또 돌아보는구나
> ―「어느 미친 여인에게」 부분

―세사 어머이를 이렇게 패는 눔이 어딨너

―돈 내놔, 나가면 될 거 아냐

연탄재 아무렇게나 버려진 좁은 골목 담벼락에다
아들이 어머니를 자꾸 밀어붙인다

―차라리 날 잡아먹어라 이눔아

누가 아들을 떼어내다가 연탄재 위에 쓰르뜨렸는데
어머니가 얼른 그 머리를 감싸안았습니다

가난하다는 것은 높다라는 뜻입니다
—「가난하다는 것은」 전문

 이 시들은 시인의 생명주의적 세계관을 잘 보여준다. 한 미친 여인이 뜻하지 않게 임신을 한 뒤 겨울 동안 몸을 풀고 다시 나타나자 시인은 고마움과 축복을 보내고, 패륜적 상황에서도 자식의 생명을 받아내는 어머니의 숭고한 사랑을 주목한다.
 이들 시에서 드러나듯 시인의 '생명주의'는 근래에 주목 받고 있는 생태주의 시들과는 그 출발을 달리한다. 근래의 생태주의 시들은 그 출발이 '환경 파괴'라는 외부 조건에 의해 이루어진 것임에 반해, 이상국의 '생명주의'는 인본주의가 그 직접적인 배경이 되고 있기 때문이다.

4. 산그늘의 노래

 수상 시집인 『뿌을 적시며』는 시인이 그동안 걸어온 세계를 함축적으로 보여주면서, 자신이 노래한 세계가 어디에 이르렀는지를 서늘하게, 그리고 유장하게 보여준다. 시인이 가고자 했던, 그리고 지키고자 했던 농사꾼의 별은 이제 이 자본주의 사회에서 그 빛을 잃었다. 다음 작품은 농사꾼의 아들로, '대지의 소작'으로 살아온 시인이 별과 집과 소가 사라지는 자본주의 시대의 미래를 쓸쓸하게 예언하는 작품이다.

> 딸애는 침대에서 자고
> 나는 바닥에서 잔다
> 그 애는 몸을 바꾸자고 하지만
> 내가 널 어떻게 낳았는데……
> 그냥 고향 여름 밤나무 그늘이라고 생각한다
>
> 나는 바닥이 편하다
> 그럴 때 나는 아직 대지의 소작이다
> 내 조상은 수백 년이나 소를 길렀는데
> 그 애는 재벌이 운영하는 대학에서
> 한국의 대(對)유럽 경제정책을 공부하거나
> 일하는 것보다는 부리는 걸 배운다
> 그 애는 집으로 돌아오지 않을 것 같다
>
> 내가 우는 저를 업고

별하늘 아래서 불러준 노래나
내가 심은 아름드리 은행나무를 알겠는가
그래도 어떤 날은 서울에 눈이 온다고 문자메시지가 온다
그러면 그거 다 애비가 만들어 보낸 거니 그리 알라고 한다
모든 아버지는 촌스럽다

나는 그전에 서울 가면 인사동 여관에서 잤다
그러나 지금은 딸애의 원룸에 가 잔다
물론 거저는 아니다 자발적으로
아침에 숙박비 얼마를 낸다
나의 마지막 농사다
그리고 헤어지는 혜화역 4번 출구 앞에서
그 애는 나를 안아준다 아빠 잘 가

―「혜화역 4번 출구」 전문

    시인은 "한국의 대(對)유럽 경제정책을 공부"하는 딸이 "집으로 돌아오지 않을 것 같다"고 말한다. 그리고 딸애의 집에서 자고 난 뒤 숙박비 얼마를 내는 행위를 "나의 마지막 농사"라고 표현한다. 시인의 상상력은 여전히 농사꾼의 세계관 속에서 발동한다.
    이 시는 딸에 대한 애정을 배면에 깔고 있지만, 동시에 집을 최고의 성(城)으로 여기던 '농사꾼의 시대'가 이제 끝

나가고 있음을 쓸쓸하게 노래하고 있다. 시인이 '산그늘'을 떠올리는 것은 이 때문이다.

> 장에서 돌아온 어머니가 나에게 젖을 물리고 산그늘
> 을 바라본다
>
> 가도 가도 그곳인데 나는 냇물처럼 멀리 왔다
>
> 해 지고 어두우면 큰 소리로 부르던 나의 노래들
>
> 나는 늘 다른 세상으로 가고자 했으나
>
> 닿을 수 없는 내 안의 어느 곳에서 기러기처럼 살았다
>
> 살다가 외로우면 산그늘을 바라보았다
> ―「산그늘」 전문

시인은 자신이 늘 다른 세상으로 가고자 했다고 말한다. 시는 늘 다른 사람 다른 세상을 꿈꾸고 그것의 성취와 좌절을 노래하는 것이기는 하지만, 근작들은 유달리 세월 앞에 무상한 좌절의 노래들이 많다. "가도 가도 그곳인데 나는 냇물처럼 멀리 왔다"라는 인식이 그것이다. 그래서 애

잔하고 서러운 감정을 자아낸다.

시인은 이러한 정조가 "사철나무 울타리에 몸을 감추고/누군가를 기다리던 한 소년"(「먼 배후」)이 "누구를 제대로 사랑한단 말도 못했는데/어느새 가을이 기울어서/나는 자꾸 섶이 죽을 수밖에 없는 것이다"(「상강(霜降)」)라는 정조와 등가임을 안다.

시집의 제목이 『뿌을 적시며』인 것은 그런 면에서 상징적이다. 함께 간다는 동행 의식을 담고 있는 이전 시집의 제목들과는 달리 이 제목은 홀로 가는, 외롭고 고독한 자의 내면을 담고 있다.

  비 오는 날

  안경쟁이 아들과 함께

  아내가 부쳐주는 장떡을 먹으며 집을 지킨다

  아버지는 나를 멀리 보냈는데

  갈 데 못 갈 데 더듬고 다니다가

  비 오는 날

나무 이파리만 한 세상에서

달팽이처럼 뿔을 적신다

―「뿔을 적시며」 전문

 이 시집에 실린 여러 편의 시에서 시인은 "추우니까 집에 가고 싶"(「집에 가고 싶다」)어 한다. 시인은 "갈 데 못 갈 데 더듬고" 다녔으나 세상은 추운 곳이다. 그래서 비 오는 날 가족과 함께 장떡을 먹는 심사는 남다르다. 시인은 자신이 걸어온 행로가 나무 이파리만 한 세상에서 뿔을 적시며 살아온 달팽이와 같다고 노래한다.

 위의 두 편의 시에서 도드라지는 것은 '1연 1행'의 시 형식이다. 이번 시집에서 무려 13편에 이르는 1연 1행의 시들은, 마치 몸과 마음의 모든 근육을 풀어버린 듯한 느낌을 준다. 이 이완과 여백을 메우는 것은 외롭고 고독한 정조다. 기러기와 달팽이는 이러한 정조의 표상이다.

 이상국 시인이 시인으로서 걸어온 행로는 참으로 예외적이고, 그만큼 고독한 길이었다고 할 수 있다. 시인은 우리 시사에서는 드물게 질박하고 남성적인 목소리로 인본(人本)과 생명의 가치를 노래해왔다. 그의 시를 통해 우리는 우리의 삶을 지탱해온 뿌리와 별이 무엇인지를 확인하게 되었고, 우리가 잃어가고 있는 것들이 무엇인지를 새삼 깨닫게 되었다.

우리는 그로부터 꽤나 멀리 온 것 같은 미망 속에 살아가지만, 기실 "나무 이파리만 한 세상에서/달팽이처럼 뿔을" 적시며 살아갈 뿐이다. 시인은 이번 수상 시집을 통해 이러한 '산그늘의 노래'를 애잔하게 들려준다.

이홍섭 | 1990년 『현대시세계』 신인상 등단, 2000년 『문화일보』 신춘문예 평론 부문 당선. 시집 『숨결』, 『강릉, 프라하, 함흥』, 『가도 가도 서쪽인 당신』, 『터미널』.

이상국 시의 표정들*

이성혁(문학평론가)

　시인의 내밀한 기억이나 감성을 섬세하게 드러내는 서정시는 그의 내면 깊은 곳으로부터 끌어올린 우물물과 같다. 서정시는 회상하거나 꿈꾸고 있는 시인의 '현재 시간'을 기록한다. 작품으로 화한 '현재 시간들'이 모여 한 권의 시집이 되고, 전 생애에 걸쳐 경험한 현재 시간들이 모여 시 전집이 구성된다. 시인이 기록한 현재 시간들의 형상들은 그의 삶의 얼굴에 나타나는 내밀한 표정을 섬세하게 표현한다. 그 표정에는, 특정한 표정을 짓게 만든 시대 상황의 흔적이 찍혀 있다. 그 표정들의 모음을 한번에 통독하는 일은, 한 인간이 어떤 시대 상황 아래에서

---

* 이 글은 『시와 시』 2010년 가을호에 실린 「변혁에의 희구에서 일상의 재발견으로—이상국의 시 세계」를 축약, 수정하고 보완한 것임을 밝힙니다.

어떻게 살아왔는지의 과정이 파노라마처럼 펼쳐지는 것을 보는 일이다. 이러한 생각은 이상국 시인의 거의 전 작품을 통독하면서 하게 되었다. 어떤 시인은 자신의 표정을 감추기 위해 가면을 쓰지만 이상국 시인의 시편들은 그러한 '가면'과 거리가 멀다. 그가 펴낸 모든 시집들을 통독하면서, 어떤 한 사람의 삶의 과정 자체와 만나고 있다는 느낌과 그가 참 정직한 서정 시인이라는 느낌을 가질 수 있었던 것이다.

정직한 시인은 사회 상황과 자신의 문학적 운명을 별개로 생각하지 않는다. 1990년대 전반기까지 이어온 군사정권 체제 아래 자신의 시력의 전반기를 보낸 이상국 시인 역시 폭압적인 사회 상황과 자신의 시를 분리시키지 않았다. 이러한 상황을 극복하기 위한 시작 활동에 기꺼이 참여했던 것이다. 1990년대 중반까지의 그의 시는 폭력적인 사회적 현실에 정면으로 대응하면서 그에 저항하려는 문학적 태도를 보여준다. 군사독재체제의 폭압과 더불어 점차 성장하기 시작한 민중운동이 이상국 시인의 시작을 현실 참여적으로 이끌었을 것이다. 그의 첫 시집인 『동해별곡』(민족문화사, 1985)에서부터 그러한 문학적 태도가 이미 짙게 나타나고 있다. 가령, 그 시집에 실려 있는 다음의 시를 읽어보자.

힘이 든다

소를 몰고 밭을 갈기란

비탈밭 중간 대목쯤 이르러

다리를 벌리고 오줌을 쏼쏼 싸면서

소는 이렇게 말했다

세상이 바뀌면

내가 몰고 너희가 끌리라

그런 날 밤

콩 섞인 여물을 주고 곤히 자는 밖에서

아무개야 아무개야 불러 나가보니

그가 날개를 달고 훨훨 날아가고 있었다

—「축우지변(畜牛之變)」 전문

 "세상이 바뀌면/내가 몰고 너희가 끌리라"라고 말하는 '소'는 착취받는 민중을 상징함이 틀림없을 것이다. 신경림 시인이 시집 해설에서 말하고 있듯이 이 소는 "농민적 현실의 알레고리"일 터, 즉 소는 현실에서 가혹하게 착취당해야 했던 민중, 특히 빈농을 상징한다. 그렇기에 "깨어진 종소리처럼 내"리는 비 때문에 들끓게 된 "수천 마리 소 울음"(「남문리 우시장(牛市場)」)이 독자에게 결코 그냥 소 울음이 아니라 폭력적인 역사에 의해 고통받아야 했던 민중의 통곡으로 들리는 것이다. 일하는 민중을 소로 상징하게 되면 그 시는 상당히 통렬한 현실 비판의 의미를 갖게 된다. 이는 지배층이 민중을 소처럼 몰고 다니면서 착취하고 있는 것이 작금의 현실이라는 의미를 내포하게 되기 때문이다. 그런데 그보다는 시적 화자의 위치가 흥미롭다. 시적 화자는 소를 모는 농부다. 소를 몰고 "밭을 갈기란" 여간 힘든 일이 아닐 테다. 하지만 소의 입장에서 보면, 소를 모는 농부보다 소 자신이 더욱 힘들다. 정작 일을 하는 것은 소를 모는 사람이 아니라 바로 소이기 때문이다. 시인은 자신보다 더 힘들게 일해야 하는 소의 입장에서 생각해보고는, 노동력을 착취받고 있는 소는 "세상이 바뀌"는 혁명을 꿈꾸리라고 추측한다. 이는 소를 도구가 아닌 하나의 엄연한 주체로서 생각하는 것이다.

이상국 시인의 첫 시집 『동해별곡』은 시인으로서 자신에 대한 정체성을 찾아나가는 작업을 보여준다. 시인은 소로서의 민중을 발견하고, 그 민중과의 관계에서 시인인 자신이 어떤 존재이며 또 무엇을 해야 하는가에 대해 모색한다. 그리하여 시인은 '소'로 상징되는 민중의 생명력, 또는 기성 체제에 대한 저항력이 드러날 수 있는 시적 공간을 마련해야 한다고 생각하게 된다. 그의 두 번째 시집 『내일로 가는 소』(동광출판사, 1989)에서 시인은, 이러한 생각을 구체적으로 그리고 전투적으로 시에 구현하려고 했다. 1985년에서 1989년 사이의 격동기에 창작된 시편을 담고 있는 이 시집에서, 시인은 기존 사회체제에 대해 좀 더 직접적이고도 격렬한 비판과 현실 변혁을 향한 민중의 실질적인 힘을 표현하고 있다. 표제작을 읽어보자.

> 산 넘어 가시덤불
> 어둠 밟고 가는 힘을 보아라
> 지치고 외로운 길 가며
> 먹은 것 꺼내 씹는 분노를 보아라
> 자라는 뿔을 보아라
> 굽을 보아라.
> 썩은 말뚝에 몸 부벼대는
> 내 고삐의 사랑을 보아라.
> 이 나라 콩깍지 개밥풀 누르고 설운 꽃 먹고
> 밥이 되는 커다란 똥을 보아라
> 산 넘어 가시덤불
> 어둠 밟고 가는 힘을 보아라.
> ―「내일로 가는 소」 전문

첫 시집과 마찬가지로, 이 시에서 '소' 역시 빈농을 상징하는 것일 테다. 허나 첫 시집에서 소가 세상이 바뀌기를 '꿈'꿨다면, 여기서 소는 "산 넘어 가시덤불/어둠 밟고 가는 힘을" 현시한다. 소의 되새김질은 분노의 표현이며, 그 분노는 적을 들이칠 뿔을 자라게 한다. 또한 "이 나라"의 "설운 꽃" 먹은 소의 배설물은 이 대지의 커다란 밥이 된다. 요컨대 이 나라 모든 이들이 먹을 밥을 마련해주는 민중은 설운 밥을 먹고 살아가고 있으며, 그래서 그들은 분노를 되새김질하면서 뿔을 키우고 있다는 것이다. 이렇게 볼 때, 이 시의 소는「축우지변」에서의 소보다 좀 더 구체성과 현실성을 가지고 있다고 생각된다.

하지만 한편으로는, 이 시에서 도식적인 상징화가 이루어지고 있다는 느낌도 드는 것이 사실이다. 시인이 희구하는 바나 관념이 현실과 긴밀한 관련을 맺지 못한 채 현실에서 유리되어 시 앞으로 돌출될 때 이를 부정적인 의미의 '낭만주의'라고 할 것이다. 이 시에서 그러한 부정적인 '낭만주의'는, 현실화의 가능성과 연결되지 못한 채 미리 주어진 관념상의 민중을 소의 형상으로 우의적으로 번역한 것에 그치는 데서 나타난다. 그런데 이렇듯 어떤 관념을 형상을 통해 상징화하는 위의 시의 수법은 1980년대 후반 한국 사회를 휩쓸었던 변혁의 열망과 무관하지 않을 것이다. 알다시피 정권으로부터 6·29 선언을 이끌어낸 1987년 이후, 민중운동은 폭발적으로 성장하여 변혁적 전망까지 가질 수 있게 되었다. 이러한 움직임은 시인에게 조급한 형상화의 욕구를 불러일으켰는바, 당시 이상국 시인 역시 그러한 욕구에서 자유롭지 않았을 것이다. 그래서 그 역시 현실 속에 존재하는 잠재력을 발견하고 그 잠재력을 전망으로까지 끌어올리려는 방향보다는, 미리 상정된 관념의 상징적 형상화가 전망을 대체하는 방향으로 나아가는 시들을 창작하게 된 것 같다.

첫 시집에서 소로 상징되는 민중에서 시의 거처를 찾고 두 번째 시집에서는 민중의 나라를 만들기 위한 시의 참여를 적극적으로 행하는 길로 나아간 이상국 시인의 시작 방향은, 1980년대 한국 시의 강력했던 한 조류와 부합하는 것이었다. 하지만 알다시피 이 조류는 어떤 장벽에 부딪치게 된다. 형식적 민주주의가 정착되고 현실 사회주의가 붕괴하는 1990년대에 들어서면, 격렬했던 시대적 분위기가 점차 가라앉으면서 한국 문학에서 해방의 전망은 점차 유실되기 시작하는 것이다. 시대는 예전과는 다른 방식으로 암울해졌다. 뚜렷하다고 생각되었던 전망이 불투명해지고 해방에의 열정 역시 급격히 감소되는 분위기에서, '운동시'는 설득력을 갖기 힘들어졌다. 이상국 시인도 이러한 사회 문화적 변화를 심각하게 받아들였을 터, 시작 방향을 새롭게 모색해야 했을 것인데, 그가 선택한 방향은 좀 더 충실한 리얼리즘이었다. 그는 세 번째 시집 『우리는 읍으로 간다』(창작과비평사, 1992)에서 민중의 일상을 좀 더 가까이에서 관찰하고, 그 관찰한 바를 시인 주관의 성급한 개입 없이 묘사하여, 독자 스스로 어떤 사회적 의미를 발견할 수 있도록 하는 시들을 제시했다. 다음의 시가 이러한 경향을 잘 보여준다.

> 우체국 앞
> 멍석 한 닢 깔이만한 쥐똥나무 그늘 아래
> 사람들은 버스를 기다리고 있다
> 복골 웃대문턱 회룡 둔전 쪽으로 가는 버스는 하루 네 번뿐이다
> 장에 갔다 오는 여자들은 무르팍에 얼굴을 묻고 꾸벅꾸벅 졸거나
> 팔다 남겨 온 강낭콩을 까고 앉았다
> 쇠꼬리처럼 비틀린 촌로 몇이 땅바닥에
> 새우깡 봉지를 터뜨려놓고 소주를 마신다
> 복골 쪽에서 자연석 실어 내는 대형 트럭들이
> 가끔 그들에게 흙먼지를 냅다 뿌리며 국도로 들어선다
> 건너다보이는 농협 담벼락에
> ―농민 살 길 가로막는 유알협상 거부한다―는 현수막이 늘어져 있다
> 그 밑에 조합장의 슈퍼살롱이 살진 암말처럼 번들거리며 서 있다
> 난민 무리 같은 사람들 속에서 나온 아이들이
> 쭈쭈바를 물고 쥐똥나무 그늘을 들락거린다

복골은 멀다
　　　　　　　　　　―「복골 가는 길」 전문

　이제 변혁을 이끌어갈 '소―민중'은 시에 등장하지 않는다. 다만 민중 개개인의 모습이 담담하게 묘사되고 있을 뿐이며, 그들은 무료하고 쓸쓸한 풍경의 구성 요소일 뿐이다. 흩어져 있는 민중들은 마치 "난민 무리" 같으며, 그 무리 사이로 '쭈쭈바'를 문 아이들이 들락거릴 뿐이다. 우루과이라운드 협상을 반대한다는 현수막이 담벼락에 늘어져 있어도 아무도 신경 쓰지 않는다. 그 늘어진 현수막에 아랑곳하지 않고 조합장의 고급 승용차만이 그 밑에 서 있을 뿐이다. 이러한 풍경을 보여준 시인은, 의미심장하게도 시의 마지막에 "복골은 멀다"라는 구절을 한 연으로 떼어놓고 있다. 농촌의 일상은 우루과이라운드와 슈퍼살롱이 상징하는 시장의 위력 아래 무기력에 빠져버리고 말았다. 그렇기에 시인이 가고자 하는 복골은 아직 먼 것이다. 그렇다고 이러한 풍경의 묘사가 시인이 현실에 패배했음을 의미하는 것은 아니다. 어떤 풍경을 그대로 바라보고 묘사하고자 하는 의지는 현실의 실상을 똑바로 파악하고자 하는 것과 연결된다. 그것은 현실을 향한 시선을 좀 더 예리하게 벼리려는 의지인 것이다. 현실에 대한 비판적 인식의

심화는, 현실 변혁 의지를 시에 앞세우기보다는 일단 현실을 있는 그대로 파악하는 리얼리즘적인 태도에서 시작될 수 있다. 그러한 비판적이고 리얼리즘적인 인식이 선행되어야 변혁의 전망은 좀 더 구체적이고 튼실한 이미지를 얻을 수 있는 것이다. 바로 다음의 시에서 우리는 그러한 이미지를 발견할 수 있다.

> 짧은 겨울 해에도
> 젊은 사람들은 모이면 술을 마시고
> 돈 떨어지면 공사판 간다
> 좋은 세상이란 빼앗지 않는 곳을 말하는데
> 경운기 바퀴처럼 흙을 물고 털털거리며
> 어느 세월에 가닿을 것인가
>
> 보리를 밟는다
> 봄 되면 몇 십만 원짜리 농자금 증서에 도장을 누르며
> 온몸에 힘을 주듯 보리를 밟는다
> 밟히고 밟혀 땅의 창끝이 되어 올라오라고
> 아랫도리 새빨간 보리를 밟는다
>
> ―「보리를 밟으며」, 부분

「복골 가는 길」에서 "복골은 멀다"라고 시인이 판단했던

것과 마찬가지로, 이 시에서도 시인은 "빼앗지 않는 곳"인 "좋은 세상이란", "어느 세월에 가닿을 것인가"라는 부정적인 판단을 내리고 있다. 시적 화자는 섣불리 관념과 희구로 미래를 선취하지 않는다. 꿈이 실현되지 않았을 때, 그 꿈은 환멸로 바뀌기 마련이다. 환멸에 빠지지 않기 위해서는, 후퇴하고 있는 현실을 있는 그대로 인식하는 동시에 그 현실에 잠재해 있는 어떤 힘까지 포착할 수 있어야 한다. 위의 시에서 시인은 "모이면 술을 마시고/돈 떨어지면 공사판" 가는 무의미한 생활에서 민중들이 벗어나지 못하고 있음을 가감 없이 인식한다. 농민 역시 "봄 되면 몇 십만 원짜리 농자금 증서에 도장을 누르며" 빚을 얻어야 하는 생활을 계속해야 한다. 하지만 그 생활 속에서 꾹꾹 눌러야 하는 분노는 "아랫도리 새빨간 보리를 밟는" 행위로 표현된다. 그 행위는 "밟히고 밟혀 땅의 창끝이 되어 올라오라"는 열망을 담은 것이기도 하다. 저 "땅의 창끝이 되어 올라"온 보리는 바로 착취당하는 민중의 봉기를 의미할 터, 미래의 봉기를 열망하면서 민중은 보리를 밟으며 자신의 분노를 다스리고 있는 것이다. 보리를 밟는다는 이 행위는, 자칫 공허함으로 빠질 수 있는 분노의 상징화보다 선명하고 구체적인 이미지를 보여준다.

『우리는 읍으로 간다』가 달성한 리얼리즘은 시인의 네 번째 시집 『집은 아직 따뜻하다』(창작과비평사, 1998)에서도 이어진다. 그런데 이 시집의 특징은, 무엇인가 점점 사라지고 있는 현실이 담담하게 묘사되고 있는 시편들이 적잖이 실려 있다는 점에 있다. 「쇠기러기」에서 시인은 "내가 소냐고/걸핏하면" 대들던 홍종이 처가 "두 살짜리 딸 잠재워놓고" 집 나간 이야기를 진술하면서 가정이 해체되고 있는 농촌 현실을 꼬집고 있고, 「방앗간 카페에 가서」에서는 "한때는 벌판 하나를 다 먹어치우고도/성이 안 차 식식거리던 발동기"를 가졌던 방앗간이 카페로 변해버린 이야기를 통해 쌀보다 커피가 귀중해진 전도된 현실을 은근히 비판하고 있다. 이를 보면, 이 시집에서 시인의 리얼리즘적인 촉수는 주로 사라져버리고 있는 어떤 현실에 닿아 있다고 할 수 있다. 그런데 무엇인가가 상실된 현실은, 다음과 같이 서정성 짙은 시를 쓰도록 시인을 이끈 것 같다.

    흐르는 물이 무얼 알랴
    어성천이 큰 산 그림자 싣고
    제 목소리 따라 양양 가는 길
    부소치 다리 건너 함석집 기둥에
    흰 문패 하나 눈물처럼 매달렸다

    나무 이파리 같은 그리움을 덮고
    입동 하늘의 별이 묵어갔을까

방구들마다 그림자처럼 희미하게
어둠을 입은 사람들 어른거리고
이 집 어른 세상 출입하던 갓이
비료 포대 속에 들어 바람벽 높이 걸렸다

저 만 리 물길 따라
해마다 연어들 돌아오는데
흐르는 물에 혼은 실어 보내고 몸만 남아
사진 액자 속 일가붙이들 데리고
아직 따뜻한 집

어느 시절엔들 슬픔이 없으랴만
늦은 가을볕 아래
오래된 삶도 짚가리처럼 무너졌다
그래도 집은 문을 닫지 못하고
다리 건너오는 어둠을 바라보고 있다
ㅡ「집은 아직 따뜻하다」 전문

 이 시는 시집 표제작이니만큼 시집을 대표하는 시라고 할 수 있겠다. 그도 그럴 것이 이 시집에는 '집'에 대한 시가 제법 많이 실려 있다. 집은 개인의 기초적인 생활공간이다. 요즘에는 독신으로 사는 사람들이 많아졌다고 해도,

'집' 하면 대부분 가족들과 같이 사는 공간을 의미한다. 그 공간에서 사람들은 자신의 삶을 형성하고 추억을 만든다. 집이라는 공간은 개인의 내면 공간까지 만드는 것이다. 그 공간에서의 생활이 사회 속에서 노동하면서 살아야 하는 삶을 지탱시키고 삶의 살을 만든다. 시인은 그러한 삶의 기초를 제공했던 공간이, 장마당이 사라졌던 것처럼 점차 사라지고 있다고 진단한다. 그런데 그는 이 집에 살았을 '일가붙이들'이 떠나야만 했을 사회적 현실에 대한 비판보다는, 자신이 관찰한 이 집의 사물들에서 서정성 짙은 상상을 이끌어내고 있다. 즉 시인은 '방구들'을 보면서 "그림자처럼 희미하게/어둠을 입은 사람들 어른거리"는 상상을 하거나, 사진 액자를 보면서 이 '일가붙이들'은 "흐르는 물에 혼을 실어 보"냈기 때문에 다시 돌아올 수 없겠지만 "사진 액자 속"에, "몸만 남아" 있다고 상상한다. 그리하여 관찰 대상은 사회 현실을 드러내는 매개체가 되는 것이 아니라 시인의 상상 공간을 마련하는 촉매 역할을 하게 된다.

  이 시를 보면, 시인의 시작 태도가 묘사 대상으로부터 사회 현실의 비판을 도출하려는 태도에서 대상에 의해 자극된 시인 자신의 서정적인 울림을 시적으로 재구성하려는 태도로 변모하고 있다는 것을 알 수 있다. 이러한 태도 변화는 시적 대상이 시인과 떨어져 있는 어떤 객관으로서 존재한다기보다는, 그를 둘러싸면서 그와 어우러지는 하나의 세계로서 존재한다는 인식으로 이끈다. 그것은 시인이 대상─자연─을 주체에 귀속시키고자 하는 근대적 사유─휴머니즘─에서 벗어나, 대상의 절대적인 타자성을 인정하는 가운데 그 대상과 새로운 관계를 맺으려는 탈근대적 사유, 생태학적 사유로 나아가고 있다는 것을 뜻한다. 이 생태학적 사유는 현실 사회주의라는 대안이 붕괴된 이후, 근대적 사유 체계에 대한 대대적인 반성과 새로운 대안에 대한 탐색이 일어났던 1990년대 한국 지성계의 흐름과 일정하게 조응하는 것이다.

다섯 번째 시집 『어느 농사꾼의 별에서』(창비, 2005)에서도 네 번째 시집에서 진전된 시인의 시작 태도와 인식이 지속되고 있다. 그런데 『집은 아직 따듯하다』에서 시인은, 자연이 부르는 소리에 귀를 기울인다는 다소 수동적인 태도에 머무른 감이 있었다. 그러나 이 시집의 「물푸레나무에게 쓰는 편지」에서 시인은 "오월이 오고 또 오면/언젠가 우리가 서로/몸을 바꿀 날이 있겠지"라고 쓴다. 즉 시인은 저 물푸레나무와 몸을 바꾸길 원하고 그래서 그에게 편지를 쓰는 적극성을 보여주는 것이다. 자연의 일원이 되기 위해서는 타자에 자신의 감각을 개방하는 것을 넘어 적극적으로 '되기─생성'에로 나아가지 않으면 불가능하다고 시인은 생각했던 것 같다. 그래서 오월이 되면 "온몸이 꽃이" 되는 시인은 '물푸레나무 되기', 혹은 그 나무와 몸 바꾸기를 기대하면서 피가 푸른 "너에게 편지를" 쓰는 것일 테다. 그리고 이러한 되기 과정을 통해 비로소 시인이 자연 세계에 함입된 광경이, 다음의 시 「가라피의 밤」에서 다음과 같이 놀랍게 펼쳐진다. 전문 인용해본다.

> 가라피의 어둠은 짐승 같아서
> 외딴 곳에서 마주치면 서로 놀라기도 하고
> 서늘하고 퀴퀴한 냄새까지 난다
> 나는 그 옆구리에 누워 털을 뽑아보기도 하고
> 목덜미에 올라타보기도 하는데
> 이 산속에서는 그가 제왕이고
> 상당한 세월과 재산을 불야성에 바치고
> 어느 날 앞이 캄캄해서야 나는
> 겨우 그의 버러지 같은 신하가 되었다
> 날마다 저녁 밥숟갈을 빼기 무섭게
> 산을 내려오는 시커먼 밤에게
> 구렁이처럼 친친 감겨 숨이 막히거나
> 커다란 젖통에 눌린 남자처럼 허우적거리면서도
> 나는 전깃불에 겁먹은 어둠들이 모여 사는
> 산 너머 후레자식 같은 세상을 생각하고는 했다
> 또 어떤 날은 산이 노루 새끼처럼 낑낑거리는 바람에
나가보면

  늙은 어둠이 수천 길 제 몸속의 벼랑에서 몸을 던지거나
  햇어둠이 옻처럼 검은 피칠을 하고 태어나는 걸 보기
도 했는데
  나는 그것들과 냇가에서 서로 몸을 씻어주기도 했다
  나는 너무 밝은 세상에서 눈을 버렸고
  생각과 마음을 감출 수 없었지만
  이곳에서는 어둠을 옷처럼 입고 다녔으므로
  나도 나를 잘 알아볼 수가 없었다
  밤마다 어둠이 더운 고기를 삼키듯 나를 삼키면
  그 큰 짐승 안에서 캄캄한 무지를 꿈꾸거나
  내 속에 차오르는 어둠으로
  나는 때로 반딧불이처럼 깜박거리며
  가라피를 날아다니고는 했다
―「가라피의 밤」 전문

 시인의 주에 따르면 가라피는 "양양 오색에 있는 산골 마을"이라고 한다. 그런데 그 '가라피'라는 공간 자체가 여기서는 어떤 생명체다. 첫 행에서 시인은 "가라피의 어둠은 짐승 같아서"라고 쓰고 있지 않는가. 생명체인 이 밤은 "서늘하고 퀴퀴한 냄새"라는 구체적인 감각으로 시인에게 다가온다. 가라피의 밤은 사람을 꺼리지 않는다. 오히려 그 밤은 시인이 어떠한 짓을 해도, 즉 "그 옆구리에 누워 털

을 뽑아"본다거나 "목덜미에 올라타보기도 하"는데도 가만히 존재한다. "세월과 재산을 불야성에 바"친 이후에야 시인은 이 가라피를 발견했으며, 이렇듯 자신을 안아주는 "그의 버러지 같은 신하가 되었다"며 밤 앞에 무릎 꿇는다. 시인은 감각들이 용해되는 이 가라피의 밤에 구렁이에 감긴 것처럼 숨막혀하거나 "커다란 젖통에 놀린 남자처럼 허우적거리면서도", "나도 나를 잘 알아볼 수가 없"고 "더운 고기를 삼키듯 나를 삼키"는 이 가라피의 어둠 속에서 존재 자체의 어떤 변화를 느낀다. 저 숨 막힐 정도로 풍만한 어둠이 "내 속에 차오르"게 되면, "나는 때로 반딧불이처럼 깜박거리며/가라피를 날아다"니게 되는 것이다.

 이렇게 '반딧불이 되기'가 성공하게 된 것은 적극적으로 어둠과 교접하려고 어둠의 털을 뽑아보기도 하는 등의 노력을 했기 때문일 터, 그 노력 끝에 시인은 이 세계와의 교접에 성공하여 그 세계 속에 함입되고 용해되면서 다른 존재로 변화될 수 있었다. 그러니 이 숨 막히는 가라피의 밤, 완벽하게 시석인 세계와 비교할 때, 시인에게 인간의 세속이란 저 "전깃불에 겁먹은 어둠들이 모여 사는/산 너머 후레자식 같은 세상"에 불과하다. 그러나 아무리 가라피의 밤이 황홀하더라도 시인은 다시 저 후레자식 같은 세상으로 내려갈 수밖에 없는 처지다. 저 모든 것이 조응하는 자연 세계를 시에 구성해놓았지만, 이상국 시인은 인간의 현실을 다시 돌아보는 감각을 잃지 않는 시인이기 때문이다. 그래서 그는 이 시적인 세계에 대해 또 다른 물음을 갖게 될 것이다. 그는 다음의 시에서 저 "캄캄함 무지"의 밤에서 겪는 엑스터시란 세속에서의 성적 욕망과 얼마나 거리를 두고 있는 것일까, 하고 질문한다.

> 저 벌거숭이 나무 보살 나무 나한들
> 겹겹이 에워싼 중대(中臺) 한나절 올라가면
> 이승의 클리토리스 같은 궁(宮)이 있다니,
> 이를테면 천 원에 두 편씩 하는 비디오를
> 새벽까지 보다가 잠들면
> 그게 요즘 나의 적멸인데
>
> 왜 나는 자꾸 집을 나서는지
> 월정사 들머리 바다횟집 가자미더러 어디서 왔냐니까
> 헛소리하지 말고 밥이나 먹고 가라고 무안을 준다
> 저것도 뭘 아는 것 같다
> 다들 손님으로 다녀간 곳,
> 세상은 유곽 같은 곳이어서
> 날마다 색정으로 밤을 밝히고도
> 또 다른 궁을 찾아
> 오늘은 얼굴을 가리고 산 들어서는데

사천왕 같은 전나무들이 길을 막고
기어이 마음 뚜껑을 열어본다

누가 산꼭대기에 궁을 갖다놓았을까
이 추위를 뚫고 올라가면
정말 생(生)이 환하게 섹스를 할 수 있을까
아니면 수족관 가자미처럼
나는 너무 깊이 들어온 건 아닌지
아침에 먹으면 저녁에 싸는 것을 데리고
겨울 안개 속 산을 오른다

―「적멸보궁 가는 길」 전문

  적멸이란 열반, 니르바나를 뜻하며 적멸보궁이란 불상을 모시지 않고 열반을 상징하는 법당만 있는 절을 뜻한다. 바로 가라피의 밤에서 반딧불이가 되는 순간이 열반이라고 할 수 있을 것이다. 그렇다면 '가라피'가 바로 적멸보궁이겠다. 불상 하나 없을 그곳은 사찰도 아니겠지만 열반이 일어날 수 있는 곳이기에 적멸보궁이라고 해도 무리는 아닐 테다. 그런데 이 시에서 흥미로운 부분은 그 적멸이 꼭 그곳에서만 일어나는 것이겠느냐는 식으로 시적 화자가 말하고 있다는 것이다. 즉 "요즘 나의 적멸"이란 "천 원에 두 편씩 하는 비디오를/새벽까지 보다가 잠"드는 일이라는 것. 사실 열반-적멸이 대단한 무엇이라는 태도도 집착라고 말할 수 있을 터, 그래서 불상 앞에 절을 드린다고 적멸에 들어설 수 있는 것은 아니다. 무아지경에 빠지는 것이 적멸이라면, 비디오에 빠져 밤을 새는 것 역시 적멸 아니겠는가. 또한 적멸에의 욕망이란 "생이 환하게 섹스를" 하는 욕망 아니겠는가. 그래서 적멸보궁은 "이승의 클리토리스"라고 할 수 있지 않겠는가. 그래서 적멸에의 욕망은 "날마다 색정으로 밤을 밝히"게 만든다. 우리는 색정으로 밤을 밝히기 위하여 세상에 손님으로 잠시 머문다. 그래서 "세상은 유곽 같은 곳"이다. 이 유곽에서 우리는 적멸할 수 있는 곳을 찾아 이곳저곳을 떠돈다.

하지만 시인은 결국, "또 다른 궁을 찾아/오늘은 얼굴을 가리고 산 들어서는" 것이다. 이 세상-유곽-에서는 진정한 적멸을 이룰 수 없다는 듯이. 그 적멸보궁으로 가는 산길에는 "나무 나한"들과 "사천왕 같은 전나무들이 길을 막고/기어이 마음 뚜껑을 열어"보기 때문일까? 그러나 동시에 그는 저 산꼭대기 적멸보궁으로 향하는 삶은 "너무 깊이 들어온 건 아닌지" 의심한다. 그 삶은 어쩌면 바다횟집 "수족관 가자미"와 같은 것이 될지도 모른다고 생각하는 것이다. 이는 적멸을 열렬히 희구하여 산행하다가 결국 횟집 수족관에 갇힌 가자미처럼 적멸에 삶이 붙잡혀버렸다는 의미일 것이다. 그리하여 시인은 적멸하기 위해서라면 열망에서 가벼워져야 한다고 생각하게 된 듯, "별의별 짓을 다 했는데/그래봤자 그 모든 짓이 법수치에서는/물가의 물버들나무 한 그루가/바람에 흔들리는 거나 진배없었지요"(「법수치」)라고 말한다. 결국 적멸보궁을 찾아 산을 오르는 일 역시 물버들나무 한 그루가 바람에 흔들리는 것과 별 차이가 없다. 그렇기에 일상의 밤과 저 가라피의 밤은 오십보백보의 차이만이 있을 것이다.

  그리하여 사람들의 사소한 욕망들이 교차하며 명멸되는 일상의 공간은 다시 시적 대상으로서 긍정된다. 이제 일상은, 이상국 시인의 1990년대 시 경향에서처럼 리얼리즘적인 묘사 대상으로서 사회 비판의 바탕이 된다는 의미에서의 긍정이 아니라, 또한 서정을 이끌어내기 위한 재구성 대상으로서의 긍정이 아니라, 삶의 맨얼굴을 발견하는 장소로서 긍정되는 것이다. 비록 일상 공간이 '가라피'처럼 이전의 내가 다른 존재로 변하면서 적멸할 수 있는 공간은 될 수 없을지라도, 그곳에서도 작은 적멸들은 반딧불처럼 반짝거리며 명멸할 것이라고 말이다. 이렇게 시인의 사유가 진행되었기 때문에, 아래와 같은 시가 「가라피의 밤」과 함께 동일한 시집 안에 실릴 수 있었을 테다.

    나는 저녁이 좋다
    깃털처럼 부드러운 어스름을 앞세우고

어둠은 갯가의 조수처럼 밀려오기도 하고
어떤 날은 딸네 집 갔다 오는 친정아버지처럼
뒷짐을 지고 오기도 하는데
나는 그 안으로 들어가는 게 좋다
벌레와 새들은 그 속의 어디론가 몸을 감추고
사람들도 뻣뻣하던 고개를 숙이고 집으로 돌아가면
하늘에는 별이 뜨고
아이들이 공을 튀기며 돌아오는
골목길 어디에서 고기 굽는 냄새가 나기도 한다
어떤 날은 누가 내 이름을 부르는 것 같아서
돌아다보기도 하지만
나는 이내 그것이 내가 나를 부르는 소리라는 걸 안다
나는 날마다 저녁을 기다린다
어둠 속에서는 누구나 건달처럼 우쭐거리거나
쓸쓸함도 힘이 되므로
오늘도 나는 쓸데없이 거리의 불빛을 기웃거리다가
어둠 속으로 들어간다

―「저녁의 노래」 전문

이 시에서 시인은 산으로 올라가지 않는다. "생이 환하게 섹스를 할 수 있"길 기대하면서 짐승 같은 가라피의 밤의 '젖통'에 파묻혀 함입되고자 하지 않는다. 그는 작은 도

시의 거리를 뒷짐 지고 거닐면서 "깃털처럼 부드러운 어스름을 앞세우고", "갯가의 조수처럼 밀려오"는 어둠 속으로 들어가는 것을 좋아할 뿐이다. 그 거리 안에는 "하늘에는 별이 뜨고", "아이들이 공을 튀기며 돌아오"며 "골목길 어디에서 고기 굽는 냄새가 나"는, 매우 일상적이고 평범한 일들이 부드럽게 펼쳐질 뿐이다. 그 거리는 아우라나 자연과 같은 타자와의 만남이 이루어지는 곳이 아니라 시인 자신에게 너무나도 익숙한 풍경들을 스치듯 지나칠 수 있는 곳이다. 그래서 그곳에서는 어떤 타자가 그의 이름을 부르는 일도 일어나지 않을 터여서, "누가 내 이름을 부르는 것 같아서/돌아다보기도 하지만/나는 이내 그것이 내가 나를 부르는 소리라는 걸" 알게 되는 것이다. 그래서 익숙한 그곳은 쓸쓸함을 가져다준다. '되기'가 격렬하게 이루어지는 어떤 사건(적멸)도 일어나지 않기 때문이리라. 하지만 시인은 이제, 그 쓸쓸함이 삶의 힘이 될 수 있다는 것을 인정한다. 아니, 시인은 이제 적멸이 아니라 그 쓸쓸함의 무의미가 삶을 살아가게 하는 의미라고 생각하게 된 듯하다. 그렇기에 그는 쓸쓸하게, 또 다시 "쓸데없이 거리의 불빛을 기웃거리다가/어둠 속으로 들어"가고 있는 것일 테다. 『어느 농사꾼의 별에서』에는 이렇듯 「가라피의 밤」과 「저녁의 노래」와 같이 상반된 경향의 시가 함께 실려 있는데, 필자는 이 시집이 「적멸보궁 가는 길」을 징검다리 삼아「가라피의 밤」에서 「저녁의 노래」의 세계로 넘어가는 과정을 보여주고 있다고 판단했다. 그도 그럴 것이, 최근에 상재된 『뿔을 적시며』(창비, 2012)에서는 「저녁의 노래」의 시 경향을 잇는 시들을 많이 찾아볼 수 있다. 가령, 다음과 같은 시가 그러하다.

> 나는 이 골목에 대하여 아무런 이해(利害)가 없다
> 그래도 골목은 늘 나를 받아준다
> 삼계탕집 주인은 요새 앞머리를 노랗게 염색했다
> 나이 먹어가지고 싱겁긴
> 그런다고 장사가 더 잘되냐
> 아들이 시청 다니는 감나무집 아저씨
> 이번에 과장 됐다고 한 말 또 한다
> 왕년에 과장 한번 안 해본 사람…… 그러다가
> 나는 또 맞장구를 친다
> 세탁소 주인 여자는
> 세탁기 뒤에서 담배를 피우다가
> 나에게 들켰다고 생각하는 것 같다
> 피차 미안한 일이다
> 바지를 너무 댕공하게 줄여주지 않았으면 좋겠다
> 골목이 나에 대하여 뭐라는지 모르겠으나
> 나는 이 골목 말고 달리 갈 데도 없다

지난밤엔 이층집 퇴직 경찰관의 새 차를 누가 또 긁
었다고
옥상에 잠복을 하겠단다
나는 속으로 직업은 못 속인다면서도
이왕이면 내 차도 봐주었으면 한다
다들 무슨 생각을 하며 사는지는 몰라도
어떻든 살아보려고 애쓰는 사람들이고
누군가는 이 골목을 지켜야 한다고 생각한다
―「골목 사람들」 전문

 이제 이상국 시인에게 삶의 한 순간 한 순간은 새로운 것이며 소중한 것이 된다. 그래서 소소한 일상은 벗어나야 할 무엇이라기보다는 끊임없이 생을 새로이 구성하는 음식과 같은 것이 된다. 그렇기에 일상에서 벌어지는 사소한 일들 역시 시적인 것을 품고 있다고 할 수 있다. 위의 시에서처럼 일상에서 만나게 된 사람들과의 시시한 대화들과 그들의 표정들 등 그 모두가, 시의 공간 안에 자리 잡을 가치를 가지고 있는 것이다. 그런데 위의 시의 특이성은, 일상에서 벌어지는 사소한 일들을 세세하게 묘사하는 데 있지 않다. 그 특이성은, 시의 구성이 시인의 눈에 들어온 장면들과 귀에 들어온 말들에 대해 시인이 반응하면서 분비되는 생각들로 이루어졌다는 데에 있다. 이러한 시법은 이상국 시인이 최대한 정직한 시를 쓰고자 하는 생각에서 비롯되었을 것이다. 대상에 대한 시적 묘사나 서정적인 구성은 뭔가 시적으로 그럴듯하게 표현하고자 하는 의욕을 낳고 그래서 그 작업에는 시인을 가장(假裝)으로 빠지게 할 위험이 상존한다. 그러한 가장에 빠지지 않기 위하여 시인은 현재 일상에서 분비되는 즉흥적인 생각을 그대로 시에 담으려고 하는 것 같다. 즉 "앞머리를 노랗게 염색"한 "삼계탕집 주인"을 보고 "나이 먹어가지고 싱겁긴/그런다고 장사가 더 잘되냐"라는 식의 즉흥적이고 싱거운 생각들로 시를 구성하는 식으로 말이다.

그런데 이 시가 감동적인 것은, 그 싱거운 생각들을 하게 만드는 골목에서의 무척이나 평범한 마주침을 시인이 소중하게 여기면서, "골목은 늘 나를 받아준다"며 그 일상에 고마워하고 골목 사람들은 "어떻든 살아보려고 애쓰는 사람들"이라는 것을 새삼 깨달으며 "누군가는 이 골목을 지켜야 한다"는 자기 다짐을 하고 있다는 데 있다. 이 깨달음과 다짐은 저 소소한 일들과 싱거운 생각들이 쭉 전개되고 난 후 시의 마지막에 던져지기 때문에, 더욱 진정성 있고 또한 결연해 보인다. 그런데 이 결연함은, 그 성격이 초기 이상국 시에서 볼 수 있었던 결연함, '소-민중'의 편에 서서 싸우고자 했던 결연함과 연결되는 것이면서도 다르다. "가도 가도 그곳인데 나는 냇물처럼 멀리 왔다"(「산그늘」)

는 시인의 말처럼, 고향으로부터 멀리 흘러온 시인은 '그 곳'을, 즉 고향처럼 민중이 사는 마을을 재발견하게 되고 그들 편에 서 있겠다고 나지막이 결심한다. 하지만 여기서 그 민중은 '소'로 상징되는 것이 아니라 바로 여기에 다채롭게 실재하는 포근한 이웃으로서 나타난다. 민중은 평범한 장삼이사들의 어우러짐으로서 존재한다. 그리고 시인 자신도 그중 한 사람이다. 그런데 민중의 삶이 개개인의 삶의 토대를 이루는 것, 시인 역시 이 민중의 삶을 토양으로 삼아 살아나가고 있는 것이다. 이 글이 마지막으로 다다르게 된 제24회 정지용문학상 수상작인 「옥상의 가을」에는 시인의 이러한 인식이 녹아들어 있다고 생각된다.

> 옥상에 올라가 메밀 베갯속을 널었다
> 나의 잠들이 좋아라 하고
> 햇빛 속으로 달아난다
> 우리나라 붉은 메밀대궁에는
> 흙의 피가 들어 있다
> 피는 따뜻하다
> 여기서는 가을이 더 잘 보이고
> 나는 늘 높은 데가 좋다
> 세상의 모든 옥상은
> 아이들처럼 거미처럼 몰래

혼자서 놀기 좋은 곳이다
이런 걸 누가 알기나 하는지
어머니 같았으면 벌써
달밤에 깨를 터는 가을이다

—「옥상의 가을」 전문

 메밀대궁의 붉은 색은 메밀꽃을 하나하나 피워낸 "흙의 피"를 드러낸다. 방금 언급한 바와 연관시켜 생각한다면, 이 시에서 "흙의 피"란 바로 한국 민중의 생명력을 상징하며 메밀대궁은 민중의 붉은 삶을 상징한다고 해석해볼 수 있다. 대궁 위에 메밀꽃이 피어 있듯이, 옥상 위의 시인은 민중의 삶을 대궁으로 삼아 존재할 수 있다. 그렇다면, 시인이 밤에 잠들 때 베는 베갯속이 메밀로 채워져 있다는 것은 그가 민중의 삶을 베고 살아왔음을 의미한다고 말할 수 있다. "벌써/달밤에 깨를 터"실 어머니가 바로 베갯속 메밀과 같은 민중의 일원 아니겠는가. 그러니 시인은 시의 끝부분에서 어머니를 회상하게 된 것일 테다. 그러나 이렇게 이야기하면 위의 시가 무겁고 무디어 보일 수 있겠다. 위의 시의 매력은 어느 가을날 어린아이처럼 가벼워진 시인의 마음을 깔끔하면서도 순박하고 솔직하게 표현한 데 있다. 허나 시의 초점은 역시 "붉은 메밀대궁"에 맞추어지는 것은 분명하다. 시인은 베갯속 메밀 덕분으로 잠을 잘

잤기에 가을 하늘처럼 마음이 깨끗하고 가벼울 수 있었던 것, "나의 잠들이 좋아라 하고/햇빛 속으로 달아"나지 않았다면 시인은 저렇게 청량한 마음을 가지지 못했을 것이다. 또한 "거미처럼 몰래/혼자서" 노는 아이의 마음으로 돌아가지도 못했을 것이며 어머니에 대한 기억을 떠올리지도 못했을 것이다. 이 자리에 도달하여 민중의 품속에서 어머니의 따스한 피를 느끼며 가을 햇빛을 만끽하고 있는 시인의 표정은 아이와 같다. "가을이 더 잘 보이"는 "높은 데"에서 거미처럼 몰래 혼자서 놀고 있는 아이의 표정(그러니까 이상국 시인에게 시 쓰기는, 이제 거미처럼 혼자서 거미줄을 자유로이 짜는 아이의 유희가 된다). 노년에 들어서고 있는 시인은 이렇게 아이로 돌아가 행복하게 자유로워지고 있다.

이성혁 | 2003년 『대한매일신문』 신춘문예 등단. 평론집 『불꽃과 트임』, 『불화의 상상력과 기억의 시학』, 『서정시와 실재』, 『미래의 시를 향하여』 등.

부록

연보 및 화보

연보 및 화보

1946년   해방 이듬해, 인공(人共) 치하 강원도 양양군 강현면 강선리에서 부친 이창근(李昌根)과 모친 함옥녀(咸玉女) 슬하 3형제 중 3남으로 출생. 사주에는 '恒有固執 先后不辨'이라고 되어 있음.

1960년   속초중학교 입학. 이후 속초고등학교를 졸업할 때까지 왕복 50여 리나 되는 길을 걸어서 다님. 『학원』에 작품 발표.

1972년   『강원일보』 신춘문예 시 당선. 당시 마을에 전화가 없어서 보건소 여직원이 눈길을 뚫고 와 소식을 알려줌.

1974년   농협에 입사하여 이후 속초, 양양 등지에서 25년간 재직.

1976년   부친 별세. 같은 해 『심상』으로 등단하였으나 발표 지면을 얻지 못해 이후 거의 10년을 휴업 상태로 지냄.

1981년   이성선, 최명길, 고형렬 시인 등과 '물소리 시낭송회'에 참여. 잠시 활동하다 그만두었으나 '물소리 시낭송회'는 1990년대까지 지속적으로 활동.

1984년   모친 별세. 1907년생 강릉 함씨. 장롱 속의 평생 비자금을 나에게 유산으로 남김.

1985년   첫 번째 시집 『동해별곡(東海別曲)』(민족문화사) 출간.

그때 생면부지의 신경림 시인께 해설을 부탁한 즉 흔쾌히 맡아줌.

1988년 전갑인(田甲仁)과 결혼. 이미 나이가 상당한 나를 구제해주었으나 아직도 그 보답을 못하고 있음. 이후 아내는 1989년 딸 솔지(率智), 1991년 아들 준희(俊熙)를 낳아줌.

1989년 두 번째 시집 『내일로 가는 소』(동광출판사) 출간.

1992년 세 번째 시집 『우리는 읍으로 간다』(창작과비평사) 출간.

1993년 박종헌, 김영준, 장승진, 김창균, 김명기 시인 등과 '영북문학회'를 결성하고 동인지 『시마을』 출간과 함께 영동 지역 일대의 문화 유적을 탐방하는 등 지역 문학 활성화에 동참.

1995년 민예총 강원지회 초대 지회장을 하며 속초 아바이마을을 중심으로 고은, 신경림, 백기완, 박완서, 이호철 선생 등을 모시고 수년간 '통일문학제'를 개최. 수복지구와 실향민으로 대변되는 지역의 분단 문제를 드러냄.

1998년 네 번째 시집 『집은 아직 따뜻하다』(창작과비평사) 출간. 이 시집으로 이듬해 제1회 백석문학상, 제3회 강원

민족예술상, 제9회 민족예술상 수상.

1999년 한국작가회의 강원지회 창립에 참여하고 지회장을 맡음. 이해 설악신문사 대표이사로 자리를 옮김.

2003년 백담사 만해마을 운영위원장으로 만해축전 등 만해사상실천선양회 사업에 동참하며 인제 용대리 북천변에서 많은 시인 작가들을 만나 의미 있고 즐거운 시절을 보냄.

2005년 다섯 번째 시집 『어느 농사꾼의 별에서』(창비) 출간.

2006년 금강산에서 열린 남북민족문학인협회 결성식 참가.

2007년 6·15민족통일대축전 평양대회에 남측대표단으로 참가.

2011년 불교문예작품상 수상. 이해 백담사 만해마을 운영위원장과 만해문학박물관장직을 사임하고 전업 시인이 됨.

2012년 여섯 번째 시집 『뿔을 적시며』(창비) 출간. 2012 올해의 우수문학도서 '올해의 시'로 선정됨. 제24회 정지용문학상, 제1회 강원문화예술상 수상. 육필 시선집 『국수가 먹고 싶다』(지식을만드는지식) 출간.

2013년 제2회 박재삼문학상 수상.

▼ 유년시절 형들과 함께. 오른쪽 필자.
▼▼ 가족과 일본 여행지에서. 왼쪽부터 아내 전갑인, 딸 솔지, 필자, 아들 준희.

▲ 고교시절.

▲ 등단기념. 앞줄 왼쪽부터 박명자 시인, 필자, 윤흥렬 소설가, 뒷줄 왼쪽부터 이성선 시인, 유연선 소설가, 강호삼 소설가, 최명길 시인.

▲ 강원도 작가들과 선림원지에서. 왼쪽부터 김창균 시인, 필자, 박기동 시인, 신승근 시인, 박종헌 시인, 김영준 시인, 조수현 극작가.

▲ 제1회 백석문학상을 수상하고 김윤수 창비 발행인과 함께.
▲▲ 유자효 지용회 회장에게서 제24회 정지용문학상을 수상하며.

▲ 6·15 민족문학인협회 결성에 참가하고 금강산에서. 왼쪽부터 필자, 임헌영 평론가, 염무웅 평론가, 김시태 시인, 정희성 시인, 신세훈 시인.

▲ 만해마을 집필실 작가들과 함께. 왼쪽부터 김도연, 박문구 소설가 등 제씨들과 오른쪽 끝 필자.

▲ 평양공항에서. 2007년 민족통일대축전에 참가하고.